RENAUD DE LA FRÉGEOLIÈRE

PILOTE MILITAIRE

A TIRE D'AILES

CARNET DE VOL D'UN AVIATEUR

ET

SOUVENIRS D'UN PRISONNIER

Préface de M. RENÉ BAZIN, de l'Académie française

PARIS

LIBRAIRIE PLON

PLON-NOURRIT ET Cie, IMPRIMEURS-ÉDITEURS

8, RUE GARANCIÈRE — 6e

1916

A TIRE D'AILES

RENAUD DE LA FRÉGEOLIÈRE

PILOTE MILITAIRE

A TIRE D'AILES

CARNET DE VOL D'UN AVIATEUR

ET

SOUVENIRS D'UN PRISONNIER

Préface de M. RENÉ BAZIN, de l'Académie française

PARIS

LIBRAIRIE PLON

PLON-NOURRIT ET Cie, IMPRIMEURS-ÉDITEURS

8, RUE GARANCIÈRE — 6^e

1916

Tous droits réservés

PRÉFACE

MON CHER RENAUD,

Voici donc votre premier livre. Il est de guerre. Vous y racontez votre part, et celle de vos camarades de l'aviation, dans les batailles du début, puis votre captivité dans les camps d'Allemagne, puis le retour au pays : Carnet de vol d'un aviateur, Souvenirs d'un prisonnier.

J'imagine que votre aïeul, général de cavalerie si je ne me trompe, qui chouanna rudement aux confins du Maine et de l'Anjou, se reconnaîtrait dans plus d'une page de cette histoire, que votre jeunesse vient de vivre et d'écrire. Tout le monde ne juge pas de même la chouannerie, pas plus que la très noble insurrection populaire de la Vendée, que nous nommions la Grande Guerre, avant 1914, dans nos provinces de l'Ouest. Ni la fidélité, ni l'honneur, ni l'interprétation du devoir, en des circonstances si exceptionnelles, ne trouvent les hommes unanimes. Mais le courage, personne ne le conteste.

Il en fallait, du civique et du militaire, pour ne point taire sa foi religieuse et sa foi politique, pour abandonner son bien et tous ceux qu'on aimait et qu'on livrait à l'aventure, et pour se battre, un contre dix, à cause de la justice qui était méconnue. Il fallait de l'élan, du sang-froid, de l'amitié pour les compagnons du chemin vert et de la genétière, une force d'espérance qu'aucun travers n'abat, et, avant tout, croire à mieux qu'au bien-être et à mieux que la vie.

Mon cher Renaud, vous avez tout cela, et vous l'avez montré. Vous avez quelque chose *de plus : et c'est une plume alerte, volante aussi, et des yeux qui voient net, et souvent ce don de l'expression, qui est l'accord secret d'un cœur très vite ému et de l'esprit qui traduit. Je n'aurais pas de peine, sans aller bien haut dans vos origines, à découvrir de qui vous tenez ce don-là.*

Bonne chance au premier livre!

Bonne chance à l'écrivain!

Bonne chance à la grande France bien servie!

RENÉ BAZIN.

Les Rangeardières, 9 juin 1916.

INTRODUCTION

C'est vers toi, mon frère, que s'envole tout
d'abord ma pensée au seuil de ces notes
éparses.

Te souviens-tu de notre enfance et de nos
interminables parties de soldats de plomb?
Te souviens-tu de ces forteresses formidables
hérissées de créneaux, percées de meurtrières,
que nous bâtissions avec des jeux de cubes
pour les démolir à coups de canon, défilés
l'un derrière les pieds massifs de la table
familiale, l'autre, c'était moi le plus petit,
sous un énorme fauteuil.

Les lignards qui en garnissaient les remparts roulaient pêle-mêle dans les débris et
des cavaliers du Premier Empire, rangés en
lignes immuables sur leurs planches à cou-

lisse, souvenir à peine respecté de notre aïeul, chargeaient vers les ruines amoncelées pour achever la défaite. A tour de rôle chacun de nous s'en allait retirer ses boulets de dessous les décombres, quand les munitions manquaient, et la canonnade recommençait de plus belle « jusqu'au dernier cube ».

Vois-tu encore ce vieux voisin de campagne qui pénétra un jour dans le salon au plus fort de la bataille, et s'arrêta interdit en sentant crouler sous ses pieds un pan de muraille tout entier : un de ces maîtres coups que tu savais si bien pointer! Dominant le fracas de l'éboulement, notre mère s'était précipitée : « Ce sont mes deux fils, dit-elle triomphante au visiteur ahuri, plus tard ils reprendront l'Alsace et la Lorraine... »

J'étais encore en robe, tu portais tes premières culottes et cependant nos jeux n'étaient jamais qu'une image de la Revanche future pour laquelle chaque jour nous élevaient nos parents...

Ainsi nous grandîmes tous deux dans ce rêve lorsqu'un matin d'été, au seuil même de la carrière maritime qu'il allait atteindre, mon frère partit à jamais pour cette dernière croisière dont les plus intrépides marins ne sont jamais revenus, et me laissa tout seul commander la petite armée des soldats de plomb de la Revanche !

Plus tard, à mon tour, je dus renoncer à la mer, et je ne me serais jamais consolé de cette déception si une nouvelle marine, plus audacieuse encore, ne s'était créée, qui tendait ses voiles et raidissait ses agrès pour partir à la conquête de l'espace. Parmi ces matelots de l'azur, dont mon frère et moi n'enviions l'existence enchanteresse que dans les seuls récits de Jules Verne, j'ai commencé cette campagne à laquelle nous nous préparions voici déjà plus de vingt ans ! Puisse « le petit frère », dans le réglage de ses batteries aériennes, s'être souvenu des leçons de pointage de son aîné, quand tous deux jouaient aux soldats de plomb pour reprendre l'Alsace et la Lorraine !

C'est aussi par toi, mon cher Jacques de Grailly, que je veux commencer ces souvenirs, toi, dont la bienveillante image m'accueillit avec un sourire au seuil de notre salle d'honneur de Saint-Cyr quand je m'engageai.

Cinq ans ont passé depuis que nous nous rencontrâmes à Reims, dans les plaines de Bétheny, où nous étions venus tous deux passer notre brevet d'aviateur, séduits par l'arme nouvelle que nous rêvions de manœuvrer aux jours bienheureux de la Revanche, et je puis m'enorgueillir d'avoir conseillé tes premiers vols.

A l'ombre tutélaire de l'antique cathédrale, nous sentîmes palpiter nos ailes : elle était pour nous comme un phare dressé dans les cieux, la cime altière que nous briguions à l'envie d'égaler, le refuge où nous avons prié quelquefois le soir quand la Mort avait frôlé de trop près nos oiseaux incertains encore.

L'heure tant désirée est enfin venue : ils ont bombardé Reims, brûlé sa cathédrale et tu n'es pas là, toi non plus ! A peine avaient été jetées entre nous les bases d'une de ces solides amitiés fondées sur la communauté des dangers et des rêves, que tu tombais aux grandes *manœuvres de l'Est, victime du Devoir.*

Quels projets n'avions-nous pas ensemble, jusqu'à celui d'échapper à l'enceinte trop étroite de notre aérodrome, pour survoler l'Alsace en un raid audacieux et montrer aux vainqueurs d'hier que les oiseaux de France étaient sortis du nid et essayaient leurs ailes!

Il me sembla que dans nos hangars, près des R. E. P. (1) rouges de proie que tu pilotas, ton spectre décidé errait encore et que chaque matin, au départ, chaque soir au rapport de nos reconnaissances, devant ton portrait, c'était à toi, glorieux frère d'armes, que je rendais compte de ma mission, et que tu m'encourageais du regard.

Dors en paix! du sommeil de ceux que nul ronronnement de l'oiseau aimé, nul frôlement de ses ailes rigides, n'éveillera jamais plus, et de là-bas, veille sur moi, ton camarade, qui reste seul pour « notre Ouvrage ».

RENAUD DE LA FRÉGEOLIÈRE.

---

(1) Aéroplane Robert Esnault-Pelletrie.

A TIRE D'AILES

CARNET DE VOL D'UN AVIATEUR

Raquette en mains, tête nue, chemise ouverte, les pieds chaussés de légères espadrilles, insouciant et incrédule encore, j'arpentais la plage en quête de trois partenaires décidés à un sérieux entraînement. Le soleil éblouissant de ce premier jour de vacances inondait de clarté la triple ceinture de la baie : grève dorée, blanches villas, sombre forêt de pins. Jamais l'océan n'avait semblé plus azuré, le ciel plus limpide, et tout à la douceur de vivre je goûtais délicieusement la fraîcheur exquise des matins de la mer.

« Tu ne pars pas ? » cria soudain pour couper court à ma rêverie un camarade (1) filant à toute vitesse sur sa bicyclette. « Je prends le rapide de 10 heures avec le docteur... pour rejoindre mon corps. »

Neuf heures trente-cinq. Le docteur est un de mes amis : l'instant d'après on m'intro-

(1) L'adjudant D..., du 9ᵉ chasseurs à pied, grièvement blessé à la Marne (août 1914).

duit sous la vérandah de son chalet. Il a revêtu l'uniforme de major et je regarde interdit cet appareil guerrier si inaccoutumé. Son
manteau est roulé sur sa poitrine, des éperons
sonnent à ses bottines.

« Je n'ai plus qu'à sauter à cheval, dit-il
gaiement en me serrant la main, peut-être
même mon régiment sera-t-il à la frontière
quand j'arriverai. »

On emporte sa cantine. Maintenant ce sont
les adieux, et je n'oublierai jamais l'émotion
de cette première vision de la guerre à laquelle, tout à l'heure encore, j'hésitais à
croire : le dernier baiser d'un fils à sa mère
avant de partir au feu ! Quelques heures plus
tard, les ordres de mobilisation étaient pla-
cardés ; à la nuit tombante, dans la splendeur d'un coucher de soleil de sang, je quittais aussi les miens pour réunir et porter à
Paris les papiers nécessaires à mon engagement.

« A bientôt ! » leur criai-je.

3 août.

« Repassez demain ! » m'a-t-on dit simplement au bureau d'engagement où je me suis

présenté en hâte, et par la route solitaire j'ai regagné le manoir paternel.

Tout est désert. Au village la forge est close, depuis bien peu sans doute, un mince filet de fumée sort encore de la cheminée. Sous la porte bariolée, ornée d'un massif fer à cheval, un chat furtif s'est glissé. Le long du mur sont rangés les socs fraîchement rechargés d'acier bleui et l'on peut lire, écrit à la craie, le nom des propriétaires : Noël, Touchard, Leroux, mais ces trois cultivateurs sont partis aussi et nul d'entre eux ne viendra désormais chercher chez le maréchal (1) le coutre nourricier, pourvoyeur du pain des hommes. Assise sur les marches de la petite maison d'à côté, que la vigne et la glycine enguirlandent, une jeune femme tient un bébé sur ses genoux. Ses yeux rouges et gonflés de larmes ont perdu le regard et son corps a la rigidité d'une statue.

Fermé aussi l'atelier du charpentier qui retentissait jadis du grincement des scies, du sifflement des varlopes, où les petites filles, au sortir de l'école, s'amusaient à enrouler sur leurs doigts effilés les soyeux rubans de bois blanc.

(1) L'ouvrier auquel il est fait allusion ici a été tué aux attaques de Champagne en septembre 1915.

Personne ! L'heure tombe lourdement sur la place déserte, où parmi les tilleuls s'ébattent de rares hirondelles. Un silence impressionnant pèse sur la campagne. Dans les champs, les javelles fraîchement coupées brunissent déjà sur les chaumes touffus. Nul chant, nul appel en ce joyeux temps de moisson. A la fin d'un sillon une charrue est dételée : où sont-ils aussi les quatre grands bœufs roux qui la traînaient : Bel-Ami, Rougeaud, Compagnon, Laboureur ? Toi surtout, Laboureur, incorrigible paresseux dont le nom sonore, hurlé par le pâtre, mêlé au grincement des essieux, a tant de fois retenti, durant les fraîches journées des semailles automnales, à travers les échos glacés de la vallée ! Je ne verrai plus vos croupes puissantes arc-boutées dans l'effort, votre regard ami perpétuellement baissé sur le sillon que vous creusiez.

Le grand jour est arrivé : là-bas, loin des champs qui vous ont vus naître, le canon tonne. Sa voix grondeuse est un ordre auquel tous, hommes et bêtes, à l'heure fixée, nous devons répondre !

6 août.

J'ai pris le taureau par les cornes et vaincu le papier par le papier. Il fallait vingt et un jours pour réunir la paperasserie préliminaire à mon acte d'engagement; en deux jours, après 300 kilomètres d'auto, malgré la rareté de l'essence, les villages barricadés, les ponts chaînés, les « laissez-passer » interminables à obtenir, l'effroyable rouage de la machine judiciaire, administrative et militaire, mon dossier est constitué, mon ordre de route signé pour Paris. Dans quelques heures je vais partir. On ne sait rien, à peine connaît-on les intentions de l'Angleterre, mais une espérance immense emplit les cœurs : *Enfin!* a-t-on envie de crier, bientôt la reprise de l'Alsace et la Lorraine, le terme du cauchemar, la défaite de l'Allemagne. Cette fois, nul doute, nous les écraserons!

Mon mince bagage est prêt : un veston de cuir et un gros maillot de laine, car c'est dans l'aviation, où j'avais acquis mon brevet de pilote en vue de la guerre, que je compte m'engager.

Sur ma table traînent encore des accessoires de cotillon que je n'ai même pas eu le temps de ranger, tellement tout fut soudain ; le mois dernier Paris dansait insouciant, maintenant la grande fête commence.

La maison est close. La vieille cuisinière qui nous sert depuis cinquante-cinq ans a consenti à rester gardienne du foyer comme en 1870. Tout à l'heure, pour la centième fois, elle me racontait ses souvenirs : « Oui, Monsieur, les Prussiens se sont arrêtés là ! » Et son doigt indiquait à l'horizon, le long d'une route familière, une minuscule croix blanche ; ils ont demandé le nom du château : « Tiens, c'est gentil, ont-ils répondu, nous reviendrons demain. » Le lendemain l'armistice était signé, on ne les a jamais revus.

Une dernière fois j'ai regardé suspendus tout autour des murs de ma chambre des photographies, des souvenirs du passé, puis, par la fenêtre entr'ouverte, la rivière paisible, le coteau, le clocher lointain, la ligne des peupliers qui borde l'horizon au delà des blonds chaumes. Avec une émotion inconnue j'ai compris à quel point ces choses symbolisaient la patrie, le pays des aïeux, les années si douces de l'enfance, tout ce que j'allais défendre, peut-être pour ne jamais revenir.

7 août.

Vingt heures de chemin de fer du Mans à Paris! Mais on ne pensait guère à s'en plaindre. Ils s'en vont joyeux, « les gars de l'Ouest », rejoindre leurs dépôts, laissant la terre aimée, les femmes, les enfants, parce qu'ils sentent bien, eux aussi, « qu'il faut en finir une bonne fois et qu'on ne peut toujours durer comme cela avec des menaces de l'Allemagne à propos de rien »; leur gaieté fait passer le temps. Pauvre Guillaume! comme on parle de toi; chacun, de désirer un fragment plus ou moins important de ta peau pour faire une blague à tabac, un sac à « pistoles ».

Nous croisons des trains bondés d'Italiens qu'on évacue, d'autres nous dépassent, emmenant des troupes, décorés de feuillages, de banderoles, de caricatures à la craie; ça sent déjà la poudre!

Paris, 8 août.

« Vous êtes aviateur », me dit l'officier en posant son journal d'un air las, « j'en ai déjà reçu quarante ce matin! Il y en a des centaines comme vous, je souhaite qu'on n'ait jamais besoin d'eux, il faudrait que tous nos pilotes militaires fussent morts ». — « Chauffeur? Lisez la *Patrie*, on n'en engage plus pendant douze jours. » — « Motocycliste? Là, vous trouverez plus facilement peut-être. » — « Des mécaniciens, des sportsmen, des gens qui parlent allemand, anglais, nous avons de tout en trop. Pour l'aviation, revenez dans quatre ou cinq semaines, on vous fera passer un examen, mais si vous êtes pressé de partir, cherchez ailleurs. »

Bon début! C'était bien la peine de remuer ciel et terre et de nourrir encore l'outrecuidant espoir d'être reçu comme un nouveau Messie! Et par le boulevard solitaire je m'en vais méditatif. — « Cherchez ailleurs! » mais tout est encombré, partout on fait la queue, heureux que les agents ne vous dispersent pas « à tabac ». Impossible de pénétrer dans les bureaux d'engagement, qui sont assiégés par d'importantes colonnes de futurs soldats. Des files d'autos somptueuses se serrent sur la place des Invalides, où des bandes de motocyclistes tournent en rondes infernales, plus joyeux que les martinets dans un ciel d'été.

« Tous nos pilotes militaires. » — Combien sont-ils — deux cents peut-être. Qu'est-ce que deux cents hommes? Un jour ou l'autre on aura bien besoin de nous, les pilotes civils. A tout hasard, préparons l'examen dont l'officier a parlé, étudions l'anatomie du mystérieux moteur Gnome.

Et durant près d'une semaine, admis à l'usine par faveur spéciale, vêtu de la classique cotte bleue, je suis initié, par un vieux contremaître à cheveux blancs, — « qui se fait suer de ne pas partir », grogne-t-il lui-même, — aux secrets du fameux rotatif.

« Vos cylindres allument dans l'ordre impair, puis pair : 1, 3, 5, 7, 2, 4, 6... 26° d'avance à l'allumage..., 60° à l'échappement... »

Parfois un camarade, que son ordre de mobilisation désigne, dépose ses outils, ses vêtements noircis par le travail, serre la main des amis et s'en va joyeux, lui aussi, vers la frontière où le Devoir l'appelle, en se retournant une dernière fois pour embrasser d'un regard d'adieu l'atelier où peut-être il ne rentrera jamais. Dehors, au milieu des vapeurs d'huile de ricin, qui imbibent les hommes et les choses, et d'un assourdissant fracas, les moteurs à l'essai tournent éperdus, âme des oiseaux futurs qui déjà palpite avant l'essor, et les cylindres d'acier brillant, entraînés dans leur fulgurante rotation, irradient comme une auréole prometteuse de gloire prochaine.

Paris, 14 août.

Les Français entrent en Alsace, les poteaux frontières sont arrachés, dans trois mois tout sera fini et je n'aurai même pas vu l'ennemi. Combien se désespèrent en ce moment d'avoir été réformés jadis! Se promener en civil semble criminel et honteux. Que ne donnerait-on pour avoir seulement le droit de porter un simple képi! J'assiège les ministères, les bureaux d'engagement, les constructeurs d'aéroplanes, les sociétés de secours aux aviateurs, les dirigeants des clubs : je recherche toutes les protections ; on m'arrête comme espion au Cercle militaire où je suis venu demander l'adresse d'un officier. Rien à faire! qu'à se croiser les bras et attendre tandis que les autres se battent. Il faut vraiment avoir chevillé au cœur l'ardent amour de la Patrie et le désir furieux de la défendre pour s'engager malgré les difficultés amoncelées de toutes parts, comme à plaisir, dirait-on.

Hier, en dînant chez les de G..., leur oncle, le baron B..., qui possède une fort belle propriété dans la grande banlieue nord de Paris, nous racontait qu'on veut abattre les murs de son verger, couverts d'arbres fruitiers en plein rapport, et raser la futaie séculaire de son parc pour placer des pièces d'artillerie lourde. Quel pitoyable et inutile massacre! Comme si les Prussiens allaient jamais envahir la France comme en 1870.

M. B..., qui est capitaine d'état-major, avait sous son bras un volumineux rapport du service des statistiques : on étudierait dans les bureaux de l'armée la possibilité de rester l'arme au pied à la frontière en empêchant les Allemands de passer. Avec l'appui de l'Angleterre et de la Russie, le blocus serait aussi parfait que possible. Or, d'après les économistes, la production de l'Alle-

magne est suffisante pour assurer sa nourriture pendant neuf mois, mais elle est obligée
d'importer les trois autres mois. Ce serait
donc la famine en moins d'un an, mais
aura-t-on même besoin d'attendre jusque-là?

Paris est livré aux chauffeurs. Toutes les
autos, à bon droit ou non, ont des drapeaux,
surtout ceux de la Croix-Rouge; toutes
brûlent le pavé, affairées, affolées.

Saint-Cyr, 22 août.

Cette fois, j'y suis. Grâce à la protection
d'un cousin influent, j'ai pu m'engager directement au centre de Saint-Cyr, après deux
jours encore de bureaux pris d'assaut, de
papiers, et un second conseil de révision.

Tout ce que l'aviation française compte
de pilotes remarquables, tout ce que Paris
et la province possèdent de sportsmen con-
vaincus est venu là comme volontaires.
Cravaches et fleurets, ballons et avirons,
pistolets et gants de boxe fraternisent, de
Chevilliard ou Garros à Rouzier-Dorcière et
Brettmeyer en passant par Carpentier et
Léon Barthou; les uns sont chauffeurs, les
autres mitrailleurs, observateurs, et attendent

patiemment la formation des escadrilles pour partir au front.

Un aimable camarade, N..., rencontré là par hasard, m'offre gracieusement l'hospitalité à Versailles dans sa villa ; nous sommes si nombreux qu'il serait impossible de tous nous héberger au quartier.

On m'a revêtu d'un uniforme d'artilleur bien peu aérien, mais qui évoque pour moi les souvenirs de mon grand-père. Heureusement il y a l'insigne, une hélice et deux ailes croisées, ce fameux insigne de l'aviation qu'on est si fier de porter et qui ferait endurer tant de choses.

Saint-Cyr, 27 août.

Le lieutenant B... et son pilote D..., engagé lui aussi, se sont tués ce matin en partant pour Amiens : ils ouvrent la série des victimes de notre groupe. Pauvre lieutenant ! Hier soir, il discutait devant nous avec un de ses camarades : il était très bon pilote et ne voulait pas embarquer comme observateur. Un pressentiment? Qui sait?

Tous les cadres sont au complet, il est difficile de trouver une affectation malgré la peine que je me donne.

Quelques camarades ramènent du front des appareils fatigués et donnent des détails sur les opérations en cours. Rien de très particulier en somme; on n'est pas fixé d'une façon absolument précise sur la grande bataille de Belgique et d'ailleurs nous sommes si préoccupés d'aller au feu, que tout paraît secondaire.

Saint-Cyr, 30 août.

Nouvelle stupéfiante, qui nous a laissés hébétés : les Allemands seraient vraiment à 150 kilomètres d'ici, en marche vers la capitale. Est-ce croyable? Pendant que nous sommes là des centaines de pilotes à nous croiser les bras avec des appareils entassés dans tous les hangars, un « taube » est venu nous narguer et lancer des bombes sur Paris.

Hier, à force de démarches, j'obtiens d'être attaché à une escadrille Farman et exécute un premier vol : aujourd'hui, affolement général, des ordres sont arrivés, tout le centre, appareils et hommes, doit quitter Saint-Cyr pour Tours, et je me retrouve sans affectation.

Dans le jardin de notre villa, le soir après dîner, nous philosophons, mon ami N... et moi. La lune brille de tout son éclat et se joue dans les feuilles du saule pleureur penché sur le minuscule bassin. Dans le ciel opalin bourdonne encore un aéro attardé qui descend du nord. Parfois une véritable fusillade éclate, des coups de feu crépitent tirés par quelque garde-voie craintif. Les trains sifflent et se succèdent sans interruption, rompant le silence pesant de la nuit et l'attente énervante du jour et des nouvelles. Une chaleur suffocante assoupit les plantes, immobilise toutes choses, tandis qu'une oppression singulière, insurmontable, nous envahit et arrête notre conversation.

L'invasion! — Comme en 1870! — Est-ce donc la débâcle qui se prépare? — Sommes-nous trahis? Que se passe-t-il? Pourquoi ne dit-on rien?

Oh! la rage de rester oisif dans ce jardin!

Saint-Cyr, 31 août.

Un Blériot et deux hommes sont partis reconnaître si le pont de Creil est sauté.

N'était l'ordre qu'ils avaient en poche, je n'aurais pu les croire. Les Allemands sont à Compiègne : Compiègne, à 70 kilomètres nord de Paris! On dit avoir pris une patrouille de uhlans à Pontoise. Nos officiers eux-mêmes n'y comprennent rien; mais sûrement il y a un coup de préparé : il n'est pas croyable que l'ennemi s'avance de la sorte en plein milieu du territoire sans rencontrer de résistance. Où est l'armée? Quelque chose d'effroyable doit mijoter contre eux dont bientôt on saura le résultat. Plus que jamais, gardons l'espoir de la Victoire.

Je vais être expédié à Tours comme mécanicien. Ainsi, au moment où les Prussiens sont là, où la lutte va devenir plus passionnante que jamais, malgré tant d'efforts depuis le début, je n'aurai réussi qu'à me faire évacuer vers l'arrière; j'irai roder des soupapes sans utilisation précise, sans espoir d'être utile. Reculer quand ils avancent, impossible d'arriver à se battre.

Plusieurs pilotes, dont Chevilliard, que je devais accompagner et qui fut pris, sont partis pour Reims et Châlons ramener des appareils.

Saint-Cyr, 1ᵉʳ septembre.

Alea jacta est, ma destinée est jouée ! Combien, plus tard, quand j'ai retrouvé mes camarades qui avaient patiemment attendu l'heure, passés pilotes militaires, puis officiers et décorés, devais-je regretter cette minute-là !

A force de supplications, j'ai obtenu de mon capitaine l'autorisation de ne pas aller à Tours et de rester ici, où il y aura peut-être du travail à faire, et la permission de me rendre à Paris chercher mon bagage.

Tout le monde quitte la capitale : seuls les concierges stoïques, qu'aucune panique ne saurait ébranler dans leur consigne, balai en main et toque en tête, montent la garde sous les porches de leurs immeubles en attendant patiemment le défilé des vainqueurs — tels ces pères conscrits pétrifiés en leurs sièges curules, appuyés sur la canne d'ivoire, qui étonnèrent tant nos pères Gaulois — cependant que leurs craintives moitiés, terrorisées par les récits avant-coureurs de la marche des Barbares, sur les viols et les mutilations, parlent de descendre dans les égouts et d'évacuer la ville à la manière d'Héliogabale ou de Caligula.

Tant de calme d'un côté, tant d'épouvante de l'autre, enfin, la montée foudroyante de la marée dévastatrice, impressionnent mon courage. Du rond-point des Champs-Élysées j'ai mesuré vers l'Étoile le chemin que demain peut-être les hordes teutonnes allaient fouler de nouveau comme en 1870; qui donc les arrêterait? Et du regard j'ai cherché instinctivement à sa fenêtre le vieux général de l'Empire, dont Daudet a conté la mort tragique, lorsque croyant fêter l'entrée des Français à Berlin, il reconnut les casques à pointe qui défilaient dans Paris.

L'aspect de la capitale est au moins inédit : le bois de Boulogne est transformé en un gigantesque parc à bestiaux; le tir aux pigeons, où voici deux mois s'allumaient les lampions d'une ravissante fête de nuit, n'est plus qu'un magasin à fourrage, une immense bergerie, et au « sentier de la Vertu » lui-même, on voit enfin circuler de vraies bêtes à cornes!!!

Saint-Cyr, 2 septembre.

Mon camarade N... m'a quitté pour Tours ce matin. Plus heureux que moi il a eu la chance de se faire accepter au dernier moment comme pilote de réserve dans une escadrille Voisin, et dans le petit jardin où nous faisions de grands projets guerriers, me voici tout seul ce soir, avant de regagner définitivement Saint-Cyr demain : on parle de nous faire prendre la garde au-dessus de Paris et de coucher sous les appareils pour être toujours prêts.

Vers 5 heures un R. E. P. (1) revient de reconnaissance : le pont de Verberie a sauté, les villages en deçà de Senlis sont en feu, l'ennemi s'avance en formidables colonnes, il n'y a pas un Français devant.

Le gouvernement a filé sur Bordeaux ; l'affolement gagne ; Versailles se barricade ; de toutes parts on entrave la circulation ; le tram de Saint-Cyr cesse de passer et la route offre le plus étrange coup d'œil : il n'y a pas moins de trois barrages en branchages où

(1) Aéroplane Robert Esnault-Pelletrie.

l'on arrête les passants. Partout des militaires. La chaussée est sillonnée d'autos de l'armée qui passent à toute vitesse au milieu des troupeaux venus renforcer la réserve de viande sur pied du camp retranché de Paris. Elles s'en vont, étonnées et craintives, les vaches noires et blanches de la pensive Bretagne, côtoyant les bouvards rougeauds du Choletais, les grands bœufs jaunes aux cornes effilées du Poitou, les Cottentines bringées, toutes les espèces de toutes les provinces de France, dans la poussière, les mugissements et les cris. Parfois l'une d'elles s'abat et crève dans le fossé.

Des sections d'hommes du génie, des compagnies de recrues qui vont s'équiper, un régiment de dragons encombrent les bas côtés. Et parmi tout ce grouillement de gens et d'animaux qui se hâtent sous le soleil en feu pour le salut de la Patrie, passent de malheureux fugitifs qui quittent leurs pays dévastés et leurs maisons incendiées par les avant-gardes prussiennes. Ils sont entassés dans des voitures dont les chevaux fourbus refusent d'avancer, pressés dans des automobiles avec leurs bagages, et les pneus surchargés s'écrasent sur le sol. Parfois la somptueuse limousine d'un Parisien terrorisé, des caisses d'essence et des bandages de rechange arrimés jusque sur le toit, comme pour une fuite sans limites, les dépasse et les éclabousse de son luxe.

Les uns sont à pied, les autres à bicyclette, d'autres, hommes et femmes, tirent un léger véhicule où se presse tout leur avoir. Ils ne parlent pas, ne s'arrêtent jamais, ils semblent des bêtes traquées et dans leurs yeux égarés d'épouvante, sur leur visage décomposé, on lit l'horrible vision des pointes de casques et des lances de uhlans.

Quelle effroyable panique sur cette route merveilleuse de Versailles à Saint-Cyr qui longe les futaies, les pièces d'eau, le palais radieux du Grand Roi, qui vit aux dimanches fleuris du printemps, aux jours ensoleillés des vacances, s'envoler vers Chevreuse et les genêts d'or de sa vallée, vers Rambouillet et sa forêt, vers la Touraine, l'Anjou et les plages de l'Océan, des bandes de touristes assoiffés de grand air et de liberté!

Partout on bat en retraite. La ligne de grande ceinture qui longe notre champ d'aviation est encombrée de trains de troupes qui se replient, elles aussi, sans comprendre.

« D'où venez-vous, » leur demandons-nous.

— « Du Nord, nous étions près de la Bel-

gique; maintenant nous descendons vers An-
cenis, Vannes, Quimper. » — « Mais vous
êtes fous, les amis, c'est tout à côté qu'on se
bat. » — « Nous ne savons rien. » Sûrement
on prépare un coup.

Des trains entiers de locomotives belges
s'en vont également, et le long de la voie, sur
la route qui contourne Paris, par Suresnes et
Garches, passent d'immenses chariots agri-
coles du Nord, tirés par de puissants atte-
lages de bœufs sucriers tout blancs. Depuis
deux jours déjà des familles entières émi-
grent avec leur moisson. Au milieu des
javelles sont nichés les femmes et les enfants.
D'autres véhicules transportent les meubles,
les matelas, les outils. La plupart, dans leur
affolement, ont négligé l'essentiel et ont re-
cueilli au hasard tout ce qui leur tombait
sous la main : un chat, deux poules, une
cage à serins, une boule brillante, le cheval
de carton d'un marmot. Les chevaux de
courses de Chantilly avec leurs jockeys sur
le dos, qui ont logé un ou deux bambins en
croupe, passent aussi. La mère suit à pied
en poussant une voiture d'enfant où hurle
un dernier né, où s'accrochent les selles et
les brides : le contraste est étrange entre ces
bêtes de luxe, ces hommes en tenue de sport

élégante, mêlés à la file des chars surchargés de blé, à cette population en fuite, semblable à quelque tribu errante d'une époque reculée de l'Histoire.

Et de l'aube à la nuit, le défilé lugubre n'arrête jamais : misère pitoyable pour ces pauvres gens sans feu ni lieu, inoubliable vision de déroute.

Voilà bien ce qu'ils racontaient, « les vieux de 1870 » !

Saint-Cyr, 3 septembre.

On déménage. Notre champ, naguère si rempli, si animé, est maintenant presque vide et silencieux. Nous étions 3 à 400, nous restons une vingtaine peut-être, étonnés du silence et tristes de solitude. Mon capitaine part sans avoir pu me trouver d'affectation ; il avait en lui l'âme d'un chef, de ceux pour lesquels on se ferait hacher sans mot dire. Planton, chauffeur de camions, manœuvre à remplir les réservoirs d'essence, voilà ce qu'on me propose à deux pas de l'ennemi, contre lequel il serait si doux de se battre.

Pourquoi ne nous laisserait-on pas faire un corps de corsaires de l'air, puisqu'il y a des appareils en quantité, même de vieux modèles qui ne servent plus, des pilotes qui ne demandent qu'à marcher dans n'importe quelles conditions, sur n'importe quels « taxis », avec des fléchettes et des bombes pour courir sus à l'ennemi?

Il est lugubre, ce départ. Les hangars sont vides et en désordre; partout des caisses ouvertes, de la paille, du foin, des lambeaux de toile ou de papier, des fragments d'hélices, des roues brisées, des carcasses d'oiseaux vidés de leurs organes essentiels, des ailes crevées, des morceaux de gouvernails et de moteurs démontés, tout ce qui était hors d'usage et qu'on n'a pu enlever, tout ce qui a vécu et qui est mort. On a l'impression d'errer dans la nécropole de fabuleux monstres ailés.

Un par un, les derniers appareils quittent le camp, les hommes bouclent leur sac et montent dans les camions qui vont les conduire à Tours.

Les deux derniers biplans viennent de s'envoler pour faire avant de partir « en s'amusant » un essai de chasse au *Taube*. Ils tournoient dans le ciel serein, magnifiquement dorés par le couchant. Soudain, emportés dans leurs orbes trop rapprochées, tous deux se sont frôlés : de l'un le gouvernail arrière a été arraché, de l'autre, c'est l'extrémité tout entière du plan supérieur qui se détache. Le premier pique tout droit, presque sans tenter un effort, mais le second entame la lutte contre son destin. Quel tragique combat que celui de cet homme, pour quelques secondes encore dans la plénitude de sa force et l'orgueil de sa jeunesse, qui se débat là-haut contre l'étreinte de la Mort, tandis qu'épouvantés nous attendons le coup fatal, le moment d'aller relever un cadavre en lambeaux.

Il a coupé l'allumage, redressé l'appareil cabré dans l'effroyable chute ; un instant on pourrait croire qu'il échappera à l'arrêt fatal. On voudrait crier, fermer les yeux ou fuir, tendre les bras pour adoucir sa chute...

Tout est fini ! l'espace est vide ; à 20 mètres l'un de l'autre ils se sont écrasés, sur le sol. Maintenant c'est l'horrible amas de chair broyée, de bois éclatés, de tissus déchirés, de fers tordus imbibés de sang, d'essence et d'huile ; puis la foule qui se précipite pour emporter des souvenirs, et les camarades graves et silencieux devant la grande leçon de la mort qui leur rappelle brutalement encore la fragilité de leurs ailes, parce que demain sera peut-être leur tour.

Où est-elle désormais l'âme de ceux qui viennent de mourir, éprise de la route large et profonde des cieux ? Eux aussi ont-ils eu le temps de se rendre compte que leur heure était arrivée ?

Derrière les hangars, les deux pilotes de garde prennent leur essor pour une dernière reconnaissance, tandis que le crépuscule baigne lentement de ses ombres l'immense plaine de Beauce.

Saint-Cyr, 4 septembre.

Deux hommes partis cet après-midi en reconnaissance ne sont pas de retour. Morts ou prisonniers ? L'avenir l'apprendra.

Les colonnes allemandes descendent par toutes les routes en masses énormes.

B..., le fils du général, est revenu ce matin après avoir survolé Crépy-en-Valois et toute la région. Son moteur a calé au-dessus de Compiègne ; il voyait déjà les Boches agitant les bras dans la joie de le prendre. Puis, à 500 mètres, l'appareil est reparti, il a pu s'en tirer. A chaque instant des pilotes revienuent; il semble bien maintenant que l'invasion contourne Paris.

Saint-Cyr, 5 septembre.

Mon premier vol de guerre! Enfin j'ai pu être inscrit comme observateur et partir à 4 heures sur un Farman piloté par un maréchal des logis d'artillerie (1) nouvellement breveté, qui ne sait guère lire la carte. Quant a moi, c'est mon premier essai dans le métier, mais rien ne saurait refroidir notre enthousiasme. On nous envoie à Villepinte, à la disposition du commandant B..., de l'état-major du général Galliéni, pour le compte duquel nous opérons.

A gauche au départ, tandis que nous prenons de la hauteur, voici la Beauce qui n'a point d'horizon, la campagne paisible, presque inhabitée, la mer immense des chaumes d'or. Au loin, Pontoise, perdue dans les méandres de la Seine, ouvre la porte de la Normandie; plus près, les terrasses de Saint-Germain s'étagent régulières comme des constructions enfantines au-dessus du fleuve

____

(1) Passé adjudant et décoré en Serbie.

qui enlace de ses boucles paresseuses le bois
de Boulogne, l'immense tapis vert d'Auteuil
et de Longchamp, et le défilé ininterrompu
des villes de banlieue : Saint-Cloud noyée
dans le feuillage, Suresnes, Levallois, les
usinières, Saint-Denis et son port encombré.

A droite, le château du Roi Soleil, les
pièces d'eau et le canal, Trianon, les jardins,
semblent plus grandioses encore dans leurs
harmonieuses proportions que l'œil inaccoutumé embrasse d'un seul regard.

Puis c'est Paris « sous la main » qui paraît noir et lugubre avec la Tour Eiffel, haute
de rien, semblable en raccourci à ces re-
productions d'étain que les bourgeois de
province conservent pieusement sur leurs
étagères poussièreuses en souvenir *de l'espo-
sition*; avec le Sacré-Cœur dont la blancheur
étincelle au milieu des brumes et des fumées;
Paris, festonné de remparts, sillonné de rues
qui se coupent et se croisent en gigantesques
toiles d'arraignée, dont les artères importantes, les avenues de l'Étoile, les boulevards
de ceinture formeraient les fils principaux;
Paris, où l'on distingue les hommes qui
s'agitent, à peine plus gros que des fourmis,
les voitures qui roulent, la vie qui passe.

A Villepinte nous descendons; des con-

vois, des troupes harassées, des zouaves dé-
poitraillés défilent continuellement vers l'est,
où la canonnade est intense et toute proche.
Hélas! l'ordre de reconnaissance parvient
trop tard pour être utilement exécuté. A la
nuit tombante, pourchassés par la brume qui
monte de l'ouest, nous essayons d'atteindre
Meaux et d'y reconnaître les ponts coupés.
Celui de Trilbardou, sur la Marne, plonge
lugubrement au milieu du fleuve, mais celui
de Chalifert reste intact.

Au Plessis-au-Bois une batterie d'artillerie
tire sans arrêt; on distingue la flamme brillante qui sort de la gueule des canons : l'ennemi est là, en face!

Derrière nous la capitale s'embrase dans
le flamboiement du soleil couchant; ne dirait-on pas qu'un incendie formidable dévore
la ville et l'étouffe sous une mer de vapeurs
rouges? L'astre déclinant se réfléchit sur les
verrières de la gare du Nord comme sur un
immense miroir de cuivre; un jet de lumière
éblouissant et fauve balaie les quartiers
d'alentour. Montmartre est rose. Les dômes
du Panthéon et des Invalides étincellent d'or,
la Tour Eiffel jaillit de la fournaise et se
dresse dans le crépuscule, telle une gigantesque épée de fer rouge.

Le contraste a quelque chose de saisissant :
là-bas, la Patrie libre, le cœur de la France
insouciant encore il y a huit jours ; ici, à nos
pieds, le sol violé, la terre envahie jusqu'au
centre, les shrapnells qui percent l'ombre
de leur éclat farouche, le sang qui coule ; la
guerre en avant, la paix et la capitale, à deux
pas, en arrière.

Mais les nuages en volutes plus tumul-
tueuses qu'une marée montante déferlent sur
nous et nous enveloppent ; hélas ! il faut revenir. Le ciel est clair mais la terre s'assombrit.
Une à une les lueurs de Paris sur lequel nous
repassons s'allument et brasillent, la ville
s'assoupit : Dormez, bébés blonds, au fond de
vos berceaux, nous sommes les grands anges
gardiens qui protégeons votre sommeil sur la
route étoilée de l'espace où passent les visions d'épopée qui hantent désormais vos
rêves.

Saint-Cyr, 6 septembre.

Deux pilotes encore ne sont pas revenus
hier soir.

A 9 heures, on nous envoie « reconnaître
s'il y a des hommes et des voitures dans la

vallée de l'Ourcq et rejoindre la 6e armée du
général Maunoury, à Dammartin-en Goële »,
mais l'appareil ne marche pas ; les mécaniciens, l'outillage, les meilleurs « coucous »
sont à Tours ; à peine si l'on peut dépasser
Chatou.

De tous côtés dans la campagne se sont
élevés des retranchements hérissés de canons
qui sortent de terre comme des champi-
gnons.

Pour me consoler de cette inaction forcée,
mon capitaine m'a promis une grande reconnaissance demain.

7 septembre.

A 7 heures, le capitaine R..., l'air plus grave
que les jours précédents, me communique
l'ordre de route : « Saint-Cyr, Nanteuil-le-
Haudouin, Villers-Cotterets, la Ferté-Milon,
Brumetz, Montreuil-aux-Lions, la Ferté-
sous-Jouarre, Coulommiers ; vérifier le passage du Grand-Morin, surveiller la lisière de
la forêt de Crécy, atterrir au sud-ouest de
Nanteuil-le-Haudouin, près de la grande route
de Dammartin à Nanteuil, et attendre le
commandant B..., du 2e bureau de l'état-

3

major du général Galliéni. Entre Messy et Charny, à l'est de Villepinte, dépôt d'essence. »

Deux autres reconnaissances partiront en même temps que nous faire le trajet en sens inverse et nous nous retrouverons au ravitaillement d'essence.

Le Grand-Morin? Où coule-t-il donc exactement? Le voici sur la carte immense qui tapisse les murs de notre salle d'honneur : Quoi? Les Allemands ont non seulement passé la Marne, mais les voilà maintenant plus bas que Paris, presque à la Seine!

Interdit, je relis l'ordre, d'une enfantine clarté pourtant, et je hasarde un regard interrogateur vers mon chef. Rien depuis la Belgique, et en dix jours ils seraient là! Dieu protège la France!

Nous nous envolons, un peu émus tout de même mais froidement résolus, le pilote M... (1) et moi, vers Charny refaire le plein de carburant et attendre que le brouillard soit dissipé pour foncer dans la mêlée.

Au milieu d'un champ de chaumes, le fourgon d'essence attend. En avant, au delà de Claye, du côté de Neufmontiers-lès-Meaux,

(1) Engagé volontaire avec moi, passé sous-lieutenant en février 1916.

la canonnade fait rage. Tout près, sur la route ombragée de peupliers, des blessés passent, algériens, marocains surtout, les moins touchés qu'on évacue à pied. Beaucoup font peine à voir : un grand diable de turco au teint bronzé, appuyé sur une trique d'un côté, soutenu de l'autre par un camarade dont le bras est en écharpe, s'en va en boitant, tout doucement, avec une résignation stoïque et muette, vers la lointaine station. Un autre, la tête bandée de linges saignants, est juché sur un cheval qui n'avance plus que sur trois pattes, la quatrième est presque coupée par un éclat d'obus.

Autour de l'appareil rôdent trois Marocains, insouciants et dégagés dans de légers uniformes de toile ; ils ont perdu leur régiment et marchent à travers champs, vers le canon, le fusil sous le bras, l'air de chasseurs en quête d'une compagnie de perdreaux. L'un d'eux exhibe avec un large sourire un superbe casque à pointe ramassé sur l'homme qu'il a enfilé de sa baïonnette.

Encadré de fantassins demi-valides, un convoi de prisonniers passe en criant : « Kamarade, kamarade » ; ce sont les premiers que nous voyons, et sur la route poudreuse, au loin vers Charny, d'autres blessés se suivent

en files interminables. Ils disent l'effroyable
bataille, les ravages des mitrailleuses, les
régiments décimés, où tous les chefs, jusqu'au colonel, sont tombés en les suppliant
de tenir, et les compagnies où il ne restait
plus d'hommes le soir à l'appel; la frénésie
du combat, pied à pied; l'horreur des tranchées allemandes remplies de cadavres, où
ils ont barboté dans le sang jusqu'à mi-
jambes.

Voici cependant un de nos camarades qui
a exécuté une partie de la reconnaissance
que nous devons faire. Immobilisé par une
panne à l'atterrissage, il nous confie ses notes
pour les porter d'urgence au commandant B...; il a reconnu d'importantes colonnes de cavalerie et d'artillerie qui remon-
tent de Meaux vers Betz et des masses
d'infanterie plus considérables encore se
dirigeant vers Nanteuil.

Nous partons, suivant les lignes de feu à
faible hauteur. A Marcilly, puis Étrépilly,
tout le long de la vallée de l'Ourcq, la fumée
du canon et des incendies est si dense qu'elle
empêche presque de distinguer le champ de
bataille : ce ne sont que batteries crachant
le feu, que shrapnells éclatant en l'air.

Un soleil radieux a dissipé les brumes du

matin et les remous de chaleur se font durement sentir.

A 300 mètres de hauteur, mon pilote cale son moteur et commence une descente à pic dans un champ à l'entrée de Nanteuil. Cramponné dans la nacelle, je sens la jugulaire du képi me couper la respiration tant nous tombons verticalement. Sûrement, si M... ne redresse pas avant de toucher le sol et ne termine pas par un long vol plané, c'est l'écrasement tout à l'heure en bas. Que faire? L'avertir? entendra-t-il? Prendre sa place? Impossible! Attendre! Après tout, c'est son métier; il est responsable, on aura bien assez le temps de discuter après.

Il a touché terre! — Cette fois, ça y est! — Un bond formidable et puis... et puis avant d'avoir eu le temps de ne rien comprendre, je m'éveille comme d'un songe, couché dans le champ à 4 mètres de l'appareil et toujours attaché dans mon siège arraché avec moi : il n'y a pas eu d'abandon de poste puisque le poste m'a suivi! Ma planche à carte est fendue et repliée sur mes genoux, mais j'ai toujours mon crayon à la main. Encore un peu étourdi, je savoure pourtant cette sensation exquise qui suit le premier réveil d'une chute quand successivement chaque membre, chaque articulation répondent à l'essai inquiet de la volonté et que peu à peu on prend l'assurance que rien n'est détraqué dans la fragile machine humaine. L'expression « renaître à la vie » n'est certes pas trop forte pour peindre ces moments-là. M… non plus n'a presque rien : le genou écorché et la cheville légèrement foulée ; l'appareil est en allumettes, un fagot de bois et de toile, seul le moteur est intact.

De tous côtés on accourt : à pied, à cheval, en auto, en vélo ; les gens se ruent épouvantés, plus étonnés qu'émus de nous voir debout.

Le commandant B…, dans son phaéton, attend le rapport : pendant la lecture, un camarade arrache de mon dos une longue éclisse de bois qui a traversé le cuir du veston et le maillot de laine, mais a eu la bonne idée de s'arrêter à la peau.

Une estafette motocycliste préviendra le fourgon de Charny, qui, lui, avertira Saint-Cyr. L'heure du déjeuner a sonné, mais, hélas ! depuis huit jours Nanteuil-le-Haudouin a reçu la visite de toute l'armée anglaise, de la plus grande partie des troupes allemandes qui descendaient vers Paris, des régiments français qui y cantonnent depuis deux jours. Il ne reste rien. J'ai laissé mon camarade soigner ses blessures et j'erre mélancolique par le village, à la recherche d'une croûte de pain.

La population civile a fui presque en entier : des vieillards, quelques grand'mères à cheveux blancs restent seuls ; ils se tiennent à la file le long des rues avec des seaux pleins d'eau, où cavaliers et fantassins abreuvent leurs chevaux, remplissent leurs bidons. Un forgeron, une bouteille d'huile en main, verse des lampées de liquide dans les canons et les culasses des fusils enrayés par la poudre, et tous se désaltèrent, hommes et bêtes, dont la terre tout à l'heure boira peut-être à son tour le sang tout chaud.

Des soldats rôdent en quête de pain eux aussi, ou mieux d'une barrique de vin oubliée par les Allemands, lignards hâves et maigres, tout blancs de poussière, aux cols dégrafés, montrant le cou nu, aux manches de capotes retroussées, chasseurs et dragons, les jambes arquées encore par les jours et les nuits passés sans descendre de selle, qui traînent d'un air épuisé leurs montures fourbues. Il en est qui dorment par terre, au hasard, sur les marches d'un perron, au coin d'une rue, où ils se trouvaient quand ils se sont assis, avec le geste qu'ils avaient quand un sommeil léthargique les a figés dans une morne immobilité.

Des celliers éventrés remonte une affreuse odeur de vin; les maisons sont ouvertes à tout venant, les échoppes saccagées. Dans le magasin d'un horloger marchand de bicyclettes, le pillage a atteint son paroxysme. Sur le plancher de l'appartement, formant une couche d'un mètre d'épaisseur, est amoncelée une étrange ferraille de cadres tordus, de rayons et de jantes, d'outils brisés, de chaînes, de poids, de pendules démolies. Perdue sous l'amas des décombres, une vieille horloge, dont les Barbares dans leur fureur n'ont pu arrêter le mécanisme, fait encore entendre son tic-tac lointain comme un appel d'outre-tombe : elle avait quelque chose de tragique au milieu du désarroi, la voix de cette horloge qui dut marquer tant d'heures paisibles lorsqu'un modeste ouvrier demeurait dans cette boutique.

J'entre dans la maison d'un riche propriétaire qui, paraît-il, a hébergé tout un état-major prussien. Ici le bouleversement général a quelque chose de déconcertant : il faut vraiment avoir le génie malfaisant du désordre, plus encore que de la destruction, pour arriver à d'aussi bizarres mélanges. Les étages ont été systématiquement interchangés : l'entresol est monté au premier qui, lui, est redescendu en bas. Il n'est pas un tiroir de meuble qui n'ait été ouvert et son contenu vidé sur le parquet, pas une boîte, pas un coffret, pas un sachet même qui n'ait été visité ou retourné; dans une élégante chambre de femme, où il semble qu'ils aient pris plaisir à profaner jusqu'au souvenir de celle qui l'occupait, des boîtes de conserves, de la paille, des tripes de poulets gisent pêle-mêle avec des bas à jours, du linge de corps, de mignons souliers de bal. La main du Germain a souillé les secrets les plus intimes de la vie privée : les correspondances, les livres, les cahiers de comptes ont été inspectés et foulés sur le sol. La salle à manger est un champ de carnage dont la table croulant sous la vaisselle brisée, les bouteilles vidées, les piles d'os demi-rongés et d'innommables restes, est le terre-plein. Pas une maison de ce village, de la plus riche à la plus pauvre, qui n'offre cet aspect de dévastation !

Au dehors, tout est semblable : dans les champs ils ont porté des lits, des matelas,

des tables et des chaises, monté des appar-
tements en plein air avec les meubles de
toute la maison : au milieu gisent des bêtes
égorgées à moitié dépecées, qui commencent
de pourrir, des chariots poméraniens aux
roues, aux timons brisés, que leur marche
forcenée ne leur a laissé le temps ni d'emmener ni de réparer.

La canonnade s'accentue d'heure en heure ;
un bataillon cycliste se rend à toutes pédales
vers le feu. Décidément je n'y tiens plus,
l'occasion est trop proche, trop tentante de
voir la bataille d'un peu près, j'enfourche
une bicyclette et m'élance sur les traces du
bataillon ; hélas ! la chute de ce matin a raidi
mes muscles ; au bout de quelques kilomètres, je ne puis que monter sur une meule
et observer de loin le combat. La terre est
ébranlée ; si on prête l'oreille un instant en
faisant abstraction du fracas assourdissant
du canon, il semble qu'on perçoive le crépi-
tement de la fusillade, planant en l'air au-
dessus des nuages comme un frôlement de
myriades d'ailes invisibles.

Le soir vient, calme et magnifique ; non
loin, des perdreaux rappellent paisiblement.
Dans le ciel embrasé ronronnent d'innombrables avions, biplans anglais ou français se

hâtant vers Paris, *Taubes* à la sinistre forme d'oiseaux de proie, aux ailes incurvées, tel le tranchant d'une faux.

Justement on amène deux aviateurs prisonniers, arrivés en droite ligne de Cologne, tout surpris de trouver des Français quand ils pensaient atterrir en lignes allemandes !

Avançons-nous ? Reculons-nous ? L'ennemi se rapproche, paraît-il, et Nanteuil-le-Haudouin pourrait être repris cette nuit ou demain.

Le village est maintenant désert. Il ne reste que des traînards ou des blessés. Le vieux gardien de la maison dévastée que j'avais visitée l'après-midi nous y propose un lit et en attendant nous emmène chez lui goûter sa soupe et un morceau bœuf laissé par les Prussiens. Ses fils sont au front, son petit-fils a failli recevoir la mort de la main d'un sous-officier allemand qui a tenu pendant cinq minutes le canon de son revolver appuyé sur la tempe de ce bébé de deux ans en discutant avec des camarades s'il fallait l'abattre ou non. La grand'mère sanglote. Elle a déjà vu 1870 ; cette dernière émotion l'a brisée. Un portrait de Poincaré, de quelques ministres, ornent les murs de l'humble

maison : il paraît que les Boches se sont ri
de ces images. — « Vous, beaucoup députés, ministres ; beaucoup argent pour gants
blancs, pour cirer moustaches, chapeaux
brillants, cher, cher : nous un seul chef, Kaiser, dur mais fort, détruira France et Paris. »
— « Voir! » disait Panurge.

Parfois la porte s'entr'ouvre et la lueur du
flambeau de résine projette ses rayons pâles
sur des faces d'hommes brillantes de sueur,
saupoudrées de poussière, qui demandent à
boire. Vers 8 heures, passent quelques cy-
clistes du bataillon qui partait si gaiement
au feu : ils sont tombés dans une embuscade
ennemie, à peine si le quart de leur effectif
a pu s'arracher au feu des terribles mitrailleuses. Ah! la mort ne perd pas son temps.

Tandis que nous gagnons notre lit, Nanteuil est devenue la proie des lourds camions
de ravitaillement et les obus de 75, dont on
emplit silencieusement les caissons, étincellent sous les rayons de lune.

8 septembre.

Nous étions couchés tout habillés, revolver au côté, mon pilote et moi, et nous goû-

tions un profond sommeil lorsque des pas pesants, en ébranlant l'escalier, nous éveillèrent en sursaut : « Alerte! Aux armes! » hurlons-nous. Si c'étaient les Prussiens de retour? « Qui vive? » — « France », répondent des voix, et deux hussards paraissent, l'un sabre au clair, l'autre une énorme broche de cuisine et une bougie à la main, en quête de Boches eux aussi.

Après les présentations d'usage, ces messieurs ont bien voulu nous laisser dormir jusqu'au réveil, sonné, à 4 heures, par le canon.

Depuis hier soir il ne restait plus de troupes dans la ville. Elles s'étaient portées en avant vers les lignes de l'Ourcq et, ce matin, prodige inattendu, les champs tout alentour sont noirs d'hommes couchés attendant le départ. Près de la route de Paris, où gît notre appareil, une rangée de sept cents taxis-autos est alignée : « Toute la nuit nous avons amené des troupes, » nous disent les chauffeurs. Non loin, sur la voie du chemin de fer, les trains se succèdent de trois en trois minutes apportant de nouveaux renforts. Le fracas de la bataille se rapproche.

Un fourgon de Saint-Cyr est arrêté à côté de notre biplan et les mécaniciens démontent le moteur : « Attendez en paix, nous disent-

ils: une auto vient vous chercher, il n'y aurait pas de place dans le fourgon et **M...** y
serait trop cahoté avec sa cheville malade. »
Le feu est mis aux débris de ce qui ne pouvait être utilisable, la carcasse du pauvre
oiseau abattu se tord un instant sous la morsure des flammes; bientôt il ne reste plus
qu'un amas de cendres, de poutrelles demi-
calcinées, de fils de fer mêlés; le **H. F. 45**
est mort, mais j'ai sauvé un lambeau de sa
cocarde tricolore.

Point de voiture; dans la soirée, nous dé-
cidons de revenir par chemin de fer et de
profiter du dernier train : on évacue la gare
en prévision d'un retour offensif de l'ennemi.

Six convois de blessés viennent déjà de
partir; à chaque station on en recharge encore; quelques-uns expirent dans les gares,
d'autres en wagon.

Le trajet s'éternise; un fantassin nous
donne un morceau de viande presque crue;
depuis hier soir nous n'avions mangé qu'un
peu de pain trempé dans du vin.

Au Bourget, changement pour Paris, mais
le chef de gare, un capitaine de la garde ré-
publicaine, refuse énergiquement de nous
laisser continuer sur la capitale : « Ordre de

reconnaissance, compte rendu à fournir, service de l'aviation du camp retranché », rien ne peut lui faire entendre raison, il parle simplement de nous « coffrer » et reste buté dans son idée, de « nous envoyer à Saint-Cyr par Bordeaux » plutôt que de nous laisser traverser Paris. Il y a là deux territoriaux qu'il garde depuis trois jours dans sa salle d'attente, les renvoyant sans autres explications du matin au soir et du soir au matin; ils sont philosophes! Prisonniers au Bourget dans un pareil moment! L'incident est aussi grotesque qu'inattendu. Reverrons-nous jamais Saint-Cyr?

Impossible de dîner; la ville a été razziée par d'incessants passages de troupes. Paris n'est qu'à quatre kilomètres; si nous essayions de nous dissimuler dans le tombereau de choux et de carottes d'un maraîcher qui passe? Le conducteur est insensible; force est de coucher à l'auberge.

Saint-Cyr, 9 septembre.

A la première heure, me voici à la station : « Ah! c'est vous les deux aviateurs (il est à remarquer que je suis seul). F...-moi le camp, je n'ai pas le temps, » grogne le capitaine-chef de gare.

L'instant d'après, Saint-Cyr, prévenu par téléphone, expédiait une auto; ainsi avons-nous pu regagner Paris, puis notre centre.

Quel singulier effet produit la capitale après ces deux jours de péripéties diverses à la lisière des champs de bataille. Les badauds s'empressent autour de la voiture, sur laquelle ils ont reconnu l'insigne de l'aviation, curieux et léger. Le garçon coiffeur entre les mains duquel j'ai remis mon crâne apporte à en régler l'ordonnance la même préoccupation minutieuse qu'en temps de paix. « A droite ou à gauche, la raie, monsieur? — Eh! qu'importe, mon ami, coupez, tondez, vous n'avez pas l'air de vous douter que l'ennemi bivouaque à 30 kilomètres de votre salon! » Près de la porte Maillot, M. Prud'homme et son fils examinent avec une curiosité satisfaite les travaux de défense que poursuivent, nonchalants, une douzaine d'ouvriers : deux arbres de l'avenue coupés en travers, une tranchée qu'un cheval et son cavalier suffiraient à combler, quelques mètres de fils de fer barbelés, une rangée de chevaux de frise qu'on porte à la main.

« Vois-tu, dit le père, nous pouvons dormir en paix, la défense nationale est assurée, la République veille sur ses enfants. »

Sous les frais ombrages de Saint-Cloud, au milieu des fleurs et de la gaieté du soleil, des fillettes s'ébattent joyeusement; les passants semblent indifférents, à deux pas de la Mort qui fauche et de l'énervement de la lutte dont on ressort épuisé mais bouillant, avec le désir de se rouler dans l'herbe et de repartir aussitôt, à l'instar du Grand Condé.

Saint-Cyr aussi paraît plus vide, plus monotone surtout. Pour comble, mon capitaine est parti hier, nommé chef d'escadrille à Issy-les-Moulineaux; me voilà de nouveau abandonné dans le centre quand j'espérais voler demain en une lointaine reconnaissance !

Deux camarades, le fils du général B... et son passager, se sont tués à Vincennes, ce qui porte à dix hommes en dix jours le nombre des morts et disparus dans notre seul groupe.

Issy-les-Moulineaux, 10 septembre.

Adieu Saint-Cyr, théâtre de nos premiers vols, arrosé du sang des morts, où nous avons vécu des heures si tragiques. Par voie des airs un camarade m'a emmené à Issy-les-Moulineaux, où le capitaine S... a bien voulu m'accepter dans son escadrille V... en formation, comme observateur-mitrailleur de réserve.

Notre unité se compose du capitaine S..., commandant; du capitaine R... (1), un des plus fameux pilotes militaires qui forma tant d'élèves; des lieutenants M... et N... et sergent R..., pilotes, auxquels devaient se joindre bientôt l'adjudant G... et le sergent L..., avec lequel je terminai ma campagne; du capitaine L... et du lieutenant W..., observateurs; plus une trentaine de mécaniciens, chauffeurs, secrétaires-comptables, mitrailleurs, etc...

Les appareils sont des biplans Voisin, moteurs fixes Canton de 130 HP. Ils possèdent une mitrailleuse et seront plus spécialement chargés des bombardements.

_____

(1) Le capitaine Rémy, dont il sera souvent question dans le cours de ce récit, et le capitaine Faure trouvèrent la mort à Issy-les-Moulineaux en essayant un appareil. Nous l'apprîmes en Allemagne par une dépêche de l'agence Reuter au *Vorwärtz* du 7 novembre 1914.

Issy, 11 septembre.

Ordre de partir pour Nanteuil-le-Haudouin afin de suivre l'ennemi. Le lieutenant M... m'embarque avec lui tandis que
j'errais dans les hangars, anxieux de ne
pas voler. On m'initie aux secrets de la
mitrailleuse et le capitaine d'artillerie F...,
inventeur d'un appareil à sablier pour le
lancement des bombes, m'en explique le
réglage.

Le temps est maussade, des nuages lourds
et bas sont chassés de l'ouest par la rafale; à
midi nous mettons l'hélice en route. L'avion
monte difficilement, un des cylindres ne
donne pas, à peine peut-il s'élever à la hauteur des hangars Bayard-Clément. Virage à
la Seine, pour faire un tour complet et prendre de la hauteur, mais le vent nous rabat de
l'arrière sur les toits de l'asile des vieillards
d'Issy : le lieutenant M... est forcé de barrer
à droite et à gauche pour éviter le clocheton
de la chapelle et les paratonnerres de l'édi-
fice. Le frôlement de ces longues pointes de
fer et des maisons qu'on est accoutumé de
dominer n'a rien de positivement réjouissant :

un arrêt de moteur, et la mort serait immédiate! La panne redoutée ne se produit heureusement qu'au second tour, par un fil qui casse, à l'extrémité de la ville et assez haut cette fois pour qu'on puisse atterrir en toute sécurité sur le champ de manœuvres.

La terre a tout de même du bon! Trente secondes plus tôt, nous y restions! Le capitaine S... était tout pâle, il a fait rentrer l'appareil. « Jamais deux sans trois », dit la sagesse des nations. Que sera le troisième?

Issy, 12 septembre.

Tempête, chacun travaille à son biplan ; je meuble le mien avec amour : ici la montre, là un altimètre de rechange près d'une seconde boussole. De ce côté une pochette pour les percuteurs de bombes ; à gauche une courroie qui maintienne lesdites bombes ; à droite les bandes de cartouches de mitrailleuse, une tablette avec bloc de papier, crayons, gomme, puis les lorgnettes dans leur étui à portée de la main, le tout solidement fixé. Plus encore qu'en l'étroite cabine d'un marin, chaque chose doit avoir sa place

exacte, son arrimage spécial dans la minuscule nacelle d'un avion, où l'on doit placer
tant de menues choses, tout en laissant pourtant l'espace nécessaire à la manœuvre de la
mitrailleuse, aux bombes à lancer, aux observations à faire, puis à transcrire, au moteur
ou aux réservoirs à surveiller parfois. Mais
quelle satisfaction dans le moindre perfec-
tionnement apporté à l'ameublement de l'oiseau avec lequel on vit là-haut tant d'heures
solitaires, tragiques ou seulement émouvantes
en raison des risques de la guerre et des
inoubliables visions de l'espace! Les uns, les
plus nombreux, emportent avec eux, fixés sur
l'appareil, des médailles, quelques objets bé-
nits vers lesquels, machinalement, à l'heure
du danger, ils tourneront un regard d'appel ;
d'autres emmènent un grotesque fétiche des-
tiné à amuser ou à effrayer la Mort et à
détourner son attaque ; la nacelle de certains
ressemble au boudoir d'une jolie femme tant
ils ont apporté de minutie à la décorer de
rubans, de fleurs parfois, de photographies,
de souvenirs, comme si ces témoins de leur
vie terrestre pouvaient les distraire dans
l'azur aux heures nostalgiques du vol, parfois
si monotones!

Issy, 15 septembre.

L'escadrille a profité d'une éclaircie et gagné Beauvais avant-hier. Appareils et aviateurs groupés sur le champ de courses ont été l'objet d'une véritable ovation.

Ce matin, reconnaissance peu intéressante vers Ham, Chauny, Noyon, occupés par les Allemands; les campagnes paraissent paisibles et la canonnade plus en avant. Au retour, le vent contraire nous baignait tout entiers et sa morsure glacée, au bout de la troisième heure d'endurance, soulevait la peau à travers les maillots et les cuirs. Rarement j'avais aussi fortement éprouvé cette sensation d'immobilité de l'aéroplane aux hautes altitudes; quand on considère le but à 50 ou 60 kilomètres en avant, il semble qu'on n'avance pas; on serait, pour ainsi dire, tenté de descendre courir sous l'appareil afin de hâter sa marche, et l'on vole à 80 ou 100 kilomètres à l'heure!

Une dépêche rappelle le capitaine S...; nous sommes affectés à la 9e armée du général Foch, à Châlons. Laissant la place au mécanicien du lieutenant, je rentre en ca-

mion par les Champs-Élysées et l'avenue
Alexandre, où nos fourgons, blancs de poussière et décorés de fleurs, font encore une
fois la stupeur des bons Parisiens.

Fagnières, 18 septembre.

Quel voyage dans la tempête, de Paris ici !
Nous suivons la Marne à 300 mètres de haut,
dans une danse effrénée. Le lieutenant M…
lâche parfois son levier pour se raffermir
dans son baquet, et moi, cramponné aux
tendeurs, c'est à peine si je puis suivre la
carte.

On voit la terre comme si on marchait
dessus : des tranchées vides, des tombes
fraîches, des débris de toutes sortes ; les
ponts de la rivière plongent bêtement dans
l'eau ; à droite, sous le soleil, étincellent les
marais de Saint-Gond ; plus rien nulle part.

Le champ d'atterrissage est à l'entrée de
Châlons, non loin du petit village de Fagnières ; une escadrille Blériot, qui revient
de l'Est, y campe déjà. Les camarades sa-
peurs m'invitent à déjeuner dans une maison
inoccupée transformée en popote. Là aussi
les habitants ont fui et le même désordre

règne qu'à Nanteuil-le-Haudouin. Dans un coin de la pièce où nous mangeons se trouve un berceau tristement vide : la vue de ce nid d'enfant abandonné, avec un Christ d'ivoire suspendu au mât du rideau, ajoute encore à l'ambiante mélancolie. Le château a été systématiquement déménagé par camions automobiles ; encore ont-ils failli fusiller le vieil intendant de pair avec le curé.

L'après-midi tous nos fourgons sont arrivés : ils ont passé par Fère-Champenoise, où des fossoyeurs proposaient un tombereau de casques de la Garde, ornés de l'aigle d'argent, à vingt sous la pièce. A quoi bon s'encombrer, nous avons si bien le temps d'en ramasser ! Les routes étaient, paraît-il, jonchées de cadavres et de bouteilles de champagne.

Une vaste chambrée a été installée dans une grange à fourrage, tandis que les « cuistots » s'emparent d'une maison et y dressent leurs marmites : deux bottes de paille en long, deux en côté, une à la tête et l'autre aux pieds, voilà mon lit fait, où je dormirai d'un sommeil plus paisible que Guillaume, encadré à droite par Brettmeyer, à gauche par Rouzier-Dorcière, les deux plus fines lames de France. « Paraissez, Navarrois... »

A l'heure du couvre-feu, les nuages au-
dessus de Reims s'allument d'étranges clartés,
des lueurs d'incendie, dirait-on, et, le jour
comme la nuit, la canonnade n'arrête jamais.

Fagnières, 21 septembre.

Depuis trois jours il pleut. On monte et
démonte stoïquement des abris de toile
verte pour garer les pauvres « coucous » qui
ruissellent sous l'eau. Oh ! la longueur désespérante des convois de ravitaillement arrêtés
durant des kilomètres sur l'inflexible route
droite. Oh ! la morne attitude des chevaux
harassés, demi-dételés, qui dorment près de
leurs fourgons, debout sur trois pattes, une
poignée de paille aux dents. Oh ! la tristesse
de la brume qui pleure sur la lugubre Champagne.

Décidément c'est bien la cathédrale de
Reims qui brûlait l'autre soir et illuminait le
ciel. La réplique sur Cologne serait trop
belle et trop facile, mais nous ne sommes pas
des « barbares ».

Dans la petite église romane, humide et
froide, nous entendions hier la messe avec
quelques artilleurs d'un régiment de Vannes :

le vacarme du canon était si puissant qu'il couvrait la musique de l'harmonium et la voix claire de la jeune fille qui chantait le *Credo*. Calmes, les soldats bretons récitaient ces longs rosaires qu'ils égrènent de leurs doigts noueux sur les rochers du Finistère, battus par la tempête, autour des champs, le dimanche, pour appeler sur les moissons la bénédiction de Dieu.

Fagnières, 22 septembre.

Me voilà nommé planton du capitaine et épluchant entre temps des pommes de terre pour le « rata ». Un lieutenant et un maréchal des logis sont arrivés encore compléter notre escadrille et reculer à des époques indéterminées mon tour de voler. Le brave Brettmeyer, mon camarade de paille, engagé volontaire à cinquante-sept ans comme mitrailleur, et qui a accepté, en attendant, les ingrates fonctions de caporal fourrier, me remonte le moral.

Encore cette vie ne manque-t-elle point d'un certain pittoresque qui se retrouve dans les plus banales occupations et dont la nouveauté console de ne rien faire. Ce matin, en faisant ma barbe dans la cour de la ferme, sous les yeux attentifs d'un jeune veau et de sa mère, celle-ci a profité d'un instant d'inattention pour boire l'eau de ma cuvette, tandis que son enfant, de l'air le plus impénitent, léchait avec gourmandise la mousse savonneuse de mon blaireau. Ici, tout se passe en famille.

On rit, on chante le soir à *la popote,* dans un cellier humide qui sert de salle à manger, où des gravures d'un âge suranné content tout au long les amours du pâtre Lindor et de la bergère Bélisandre. Pauvre Bélisandre ! quels refrains et quels propos n'aura-t-elle pas entendus dans la bouche de tous ces jeunes hommes débordant d'une santé avivée encore par le grand air, qui éprouvent le besoin de chasser le cauchemar de la guerre par la plus bruyante gaieté.

Des camarades viennent de Paris porter des ordres ; les coffres de leurs voitures regorgent de journaux, de tabac et de chocolat. D'autres, de Saint-Cyr ou d'ailleurs, passent en avion conduisant des appareils vers Verdun ou les Vosges. Ils partagent la paille nocturne et le bœuf quotidien, ils mêlent leurs voix au concert d'imprécations qui salue l'annonce faite par le chef toujours honni d'une *popote* toujours périclitante, que le lapin manque ou que l'on n'a pu se procurer du poulet. Ils s'initient à l'importance du « rabiot », terme d'un sens imprécis pour moi encore, dont plus tard, en Allemagne, je devais tant apprécier la bienheureuse signification. Le « rabiot » est un supplément, le superflu que Voltaire déclarait « un luxe très nécessaire », qui désigne plus spécialement tout ce qui se rapporte au manger. On dit : « Y a-t-il du « rabiot de singe » ? — mais on dit aussi : « J'ai du « rab » de mèche à briquets, qui en veut? Pour « un quart de pinard en rab », un « poilu » soulèverait le monde; mais ce sont là d'horribles élocutions d'argot militaire sur lesquelles l'Académie ne s'est point encore prononcée.

Tout en dînant, les mécaniciens content leurs histoires, d'interminables récits d'une incroyable panne que personne ne pouvait découvrir. Braves types d'ailleurs, ces « mécanos », et combien dévoués à leurs patrons, ayant l'orgueil de leur appareil. Quelques-uns reviennent des escadrilles du Maroc et disent leurs vols au-dessus des déserts. Il en est qui, pareils à des veufs d'un genre nouveau, ont déjà vu se tuer un ou deux pilotes auxquels ils étaient attachés.

Fagnières, **23** septembre.

Le sergent L... est venu nous rejoindre avec un cinquième appareil. Je devais partir en reconnaissance avec le lieutenant N..., mais au dernier moment le maréchal des logis E..., le nouvel arrivé, a été désigné à ma place. De la main, du haut des airs, ils nous ont adressé un gai signe d'adieu tandis que, vautré dans une meule de paille, je bougonne intérieurement en guettant le retour du capitaine S..., qui m'avait promis d'embarquer.

Vers 4 heures, un motocycliste affairé rentre dans les tentes : N... et E... viennent de se tuer à Billy ; on a vu soudain l'appareil désemparé sortir d'un nuage à 1400 mètres de haut, tournoyer et s'écraser sur le sol. Vite une équipe d'hommes est partie : le moteur était plus qu'à moitié enfoui dans la terre tant le choc avait été brutal ; à 50 mètres alentour gisaient des débris de bois et de toile tachés de sang. Seuls les uniformes pouvaient encore maintenir ensemble la chair en loques et l'ossature broyée des deux infortunés aviateurs. Quel drame s'est joué dans l'azur? Une faute a-t-elle été commise, une pièce importante s'est-elle rompue, ou le cache-nez de E..., qu'on n'a pas retrouvé, s'est-il envolé dans l'hélice? Nul ne le saura jamais!

Le voile de la nuit se déploie sur la Champagne. Là-bas la montagne de Reims, derrière laquelle s'est couché le soleil, s'estompe indistincte dans une brume mauve. A droite, la Marne cache ses innombrables méandres sous un dôme de peupliers verts encore; à gauche, à perte de vue, s'enfuient les mornes routes bordées d'ormeaux chétifs, où les autobus de ravitaillement soulèvent des tourbillons de poussière blanche. Tout est majesté et silence. Seulement résonne par intervalle un lointain coup de canon. Déjà les autres appareils ont regagné les tentes. Assis en rond sur des caisses d'essence éparses au milieu du champ, les hommes, soudain plus graves, impressionnés par la mélancolie du crépuscule et l'horreur du deuil nouveau, devisent à voix basse et tardent à rentrer comme s'ils attendaient encore l'oiseau qui jamais plus ne rejoindra son nid.

Demain, chers absents, nous vous tresserons des couronnes avec les dernières fleurs de l'été, puis la vie suivra son cours, d'autres tomberont remplacés par d'autres encore, qui effaceront jusqu'au souvenir de vos noms dans la mémoire de vos camarades.

Ainsi, un à un, disparaissent nos avions. Morts ou prisonniers c'est le sort qui nous guette. A quoi bon s'impatienter ? Tant d'hommes meurent, mon tour viendra bien un jour de voler aussi !

Pauvre E..., il a tressailli au déjeuner quand on lui a annoncé qu'il devait partir; parfois la camarde se plaît à prévenir, avant de les emporter, ceux qu'elle désigne. Il avait cet étrange regard des « avertis », dont parle Maeterlinck, qui était aussi celui du capitaine R..., tué deux mois plus tard, et d'autres que j'ai connus, où la fatale sentence semble de plus en plus lisible à mesure que s'approche le moment de l'échéance !

Cette nuit, dans la paille de la grange, le mécanicien du mort pleurait : il perd son deuxième patron en six mois. Plus tard nous apprîmes par le journal que le frère de notre camarade était tombé le même jour en Argonne. Pauvre mère ! deux fils en une journée !

Fagnières, 25 septembre.

Hier l'escadrille s'était transportée à Verzy à la disposition du général Foch, aujourd'hui aux Petites-Loges, et je suis de la fête : le sergent L... me prend avec lui. Non loin du village, dans les chaumes, les camions attendent. La canonnade est proche, mais nul n'en a cure tant le soleil est éclatant, tant la joie d'agir emplit les cœurs.

Bientôt nous nous enlevons en spirales au-dessus du morne camp de Châlons, coupé par l'inflexible ligne droite de la voie romaine, où, pour la seconde fois depuis l'origine de la Gaule, les Barbares ont été arrêtés. Elle est presque invisible à mille mètres de haut, la colonne de Champaubert dressée en avant de Mourmelon, mais quel tragique anniversaire elle évoque à cet instant ! Des fumées d'incendie montent en avant de Rocroy, où nous dirigeons notre vol ; à droite, Sainte-Menehould se distingue à peine au milieu de la sombre forêt d'Argonne ; à gauche, Reims est voilé de légères vapeurs ; au-dessous de nous, le sol est labouré par les obus comme par des escadrons de termites ;

c'est une succession de trous ronds en forme d'entonnoirs qui, vus du haut du ciel, donnent à la croûte terrestre l'aspect d'un paysage lunaire. Combien les légionnaires d'Aétius auraient peine à reconnaître les champs catalauniques où ils combattirent ces mêmes Germains !

En arrière de Somme-Py est groupé un parc énorme : les voilà donc enfin ceux que nous n'avons fait encore qu'apercevoir ; ils s'agitent et courent sous nos pieds, tels des fourmis. L'instant de ma première bombe est pour moi solennel ; le détonateur est armé, le sablier retourné s'emplit grain à grain, le cran de sûreté est retiré du percuteur, l'avion dans le lit du vent, et, penché par-dessus bord, j'attends l'instant où la pointe du viseur atteindra le point à frapper.

Le sablier !... Comme l'éclair, cette vision passée d'un examen de droit traverse mon cerveau. Dans l'intérieur d'un prétoire, un juge en robe rouge, au visage glabre et sévère ; je suis debout devant lui, il m'interroge, mais l'incertitude de mes réponses paraît l'irriter ; sur sa table un sablier compte les minutes, le même qui maintenant, devant mes yeux, mesure le temps de la vie des hommes.

Avec le dernier grain de sable, la bombe est tombée ; anxieusement je suis sa trajectoire rapide ; d'abord horizontale, elle s'est redressée verticalement avec la vitesse, son empennage la vrille bientôt dans l'air, on dirait maintenant une goutte d'or échappée du ciel... Soudain, au bord du parc, un nuage formidable de poussière et de fumée ; le tir est juste, bien qu'un peu « court », et quatre fois nous recommençons ce jeu de massacre passionnant ; seulement ce ne sont plus des poupées de bois, mais des têtes d'hommes ou de chevaux que nous abattons.

Il me semble maintenant vivre pleinement mon rêve, marcher dans la voie que je m'étais tracée, qu'il était impossible d'espérer plus belle. Tout à l'heure, le soleil va disparaître mais l'air reste embrasé et je me réjouis de me sentir des ailes Des milliers de fils de la Vierge volent de concert avec nous et s'accrochent aux tendeurs de notre oiseau comme pour renforcer ses fragiles haubans. La fortune d'un roi vaudrait-elle de pareilles minutes ?

A la lisière du champ d'atterrissage, des soldats creusent les tombes de leurs camarades : deux sont achevées, surmontées de la croix et du képi. Pourquoi toujours une image de mort dans l'enthousiasme de la lutte et du Devoir accompli?

26 septembre.

Deuxième voyage aux Petites-Loges, pour bombarder Béru, Vitry, Nogent-l'Abbesse où les Allemands sont solidement accrochés : le temps est plus radieux encore; nous dominons Reims à 2400 mètres, la vue s'étend au loin à plus de 100 kilomètres à la ronde. Verticalement, à nos pieds, la cathédrale déploie la masse quadrangulaire de ses tours; sur la place, l'œil exercé distingue un point noir : la statue de Jeanne d'Arc. De là-haut tout semble intact. En avant s'étendent les champs d'aviation de Bétheny, creusés d'éclats d'obus, bordés d'une ligne de hangars où, voici trois ans, j'exécutais mes premiers vols, ambitieux déjà de venir planer sur la ville. Qui m'eût dit alors que je vivrais un tel moment à bord d'un avion de guerre, sous l'uniforme du soldat? Combien de camarades, ici même, puis à Mourmelon, ont trouvé la mort en poursuivant leur rêve, eux qui eussent été si fiers d'être là aujourd'hui ! Et l'obus empenné, bercé sur mes genoux, attend l'instant fatal.

Soudain, levant les yeux du but où nous allions frapper, à 500 mètres en avant, juste à notre hauteur, tout doré et brillant sous le soleil, s'avance, par le travers, un superbe biplan. Un frisson, pour quelques secondes, m'a cloué immobile : Un *Albatros !* et déjà j'ai bondi, debout sur mon siège, une bande de cartouches en mains. — « Arrête ! — hurle L..., auquel un doute est venu, — c'est un Anglais ! »

Au début de la guerre, aucun drapeau ne distinguait encore soit en dessus, soit en côté, la nationalité des appareils ; la différence — un léger détail du gouvernail — nous était inconnue.

Je redescends de mon poste élevé, examiner l'ennemi à la lorgnette ; insouciant et rapide, il glisse dans les airs ; impossible de rêver cible plus tentante et mieux offerte. Hélas ! le temps de remonter et d'armer la mitrailleuse, voici juste en face, de l'autre côté de l'Albatros, car c'en est un, le capitaine R... en tournée de bombardement, lui aussi. Si nous tirons, nous risquons de nous mitrailler l'un l'autre, et le superbe oiseau a piqué dans ses lignes, se dérobant à la lutte.

Bast ! un de perdu, dix de retrouvés. Que

de fois pourtant je regrettai ce joli coup de fusil!

Cependant à Fagnières l'ordre est arrivé d'envoyer d'urgence pour six jours à Clermont-sur-Oise deux appareils à la disposition du général de Castelnau. Le capitaine observateur L..., détaché par le capitaine S..., suit en auto avec deux fourgons et commande l'expédition. Le lieutenant M... et le sergent R..., que leur tour désigne, ne peuvent partir; l'un a cassé une équerre de tendeur, le moteur de l'autre ne rend pas; le capitainé R... et le sergent L..., que j'accompagne, prennent donc aussitôt leur vol.

Ainsi en trois jours, du fait d'un camarade mort, d'un bout de fer brisé, d'un carburateur entêté, la fortune, qui semblait me sourire, m'embarqua pour moins d'une semaine, pensai-je, dans une aventure qui devait m'être si fatale!

Amiens, 27 septembre.

La nuit nous a forcés d'atterrir hier soir à Nanteuil-le-Haudouin, près de mon vieux Farman détruit : ses restes pourris et rouillés semblent l'une de ces carcasses d'oiseau mort que l'on retrouve parfois dans les bois où quelques blancs ossements émergent seuls d'un paquet de plumes mouillées. Alentour les tranchées sont fraîchement comblées de terre et de chaux vive sur les cadavres d'hommes qu'elles enferment ; le surlendemain de notre capotage, un retour offensif des Prussiens avait eu lieu.

Le même vieillard nous hébergea dans la même maison presque remise en état, et au brouillard de l'aube nous atteignîmes Clermont où stationnaient trois escadrilles de Farman et Morane et de célèbres pilotes tels que Garros, Pourpre et Gilbert.

Le capitaine R..., déjà arrivé hier soir, et le capitaine L..., venu en auto, reçurent du général de Castelnau l'ordre « de gagner Amiens » et « de bombarder sans répit pendant deux jours la droite allemande pour donner le temps à ses corps d'armée de l'Est d'arriver : ensuite il se chargeait du reste ».

Toute la population civile est là ; c'est au milieu d'une ovation véritable que nous nous enfonçons dans le ciel légèrement brumeux, vers Péronne, Bapaume, puis Amiens, reconnaître les positions ennemies.

Le capitaine R... est en avant ; bientôt son biplan n'apparaît plus que comme deux minuscules traits noirs superposés qui se détachent sur les nuages cuivrés du couchant.

A Montdidier, un Farman poursuit un gros frelon doré, qui pourrait être un Boche, mais disparaît près de Péronne. « Saucisse », batteries aériennes, canonnades violentes à la hauteur de Nesle. Rien dans les campagnes, routes et bois déserts.

Mais où sommes-nous? — Depuis un quart d'heure déjà, confiant dans mon pilote, je ne m'inquiétais plus de la direction à suivre, tout à la préoccupation de découvrir l'ennemi. Le canal du Nord en construction, tantôt cours d'eau, tantôt tunnel, tantôt tranchées, a complètement dérouté L. . depuis Péronne déjà, et voici Cambrai à moins de 20 kilomètres. Mais alors, nous sommes à plus de 80 kilomètres d'Amiens! Le plein d'essence a été fait pour deux heures et demie seulement, voilà déjà cinq quarts d'heure que nous volons et le soleil se couche. En vain je tente d'expliquer à L... l'erreur dont il est victime, en vain, après de surhumains efforts, j'arrive à déplier puis à replier la carte malgré mes doigts gelés, il s'entête dans son idée. La main en porte-voix dans son oreille, je crie, je hurle; peine perdue, il a pris la Scarpe pour la Somme; ni la boussole, ni la situation du soleil ne suffisent à le convaincre et froidement nous continuons notre marche vers le nord-est.

Nul danger : à un moment ou l'autre il reconnaîtra certainement sa faute, et pourtant j'ai eu très peur, d'une peur irraisonnée de ne pas pouvoir faire triompher la vérité et de nous enfoncer inutilement dans l'inconnu. Est-on bête quand on est jeune !

Après dix minutes de discussion, c'est vers l'ouest que l'avion poursuit enfin son vol. D'interminables colonnes suivent la route de Bapaume déjà noyée d'ombre. Là même, en 1870, assailli de toutes parts et sommé de se rendre, tomba un de mes oncles à la tête de ses marins fusiliers ; non loin du cimetière, je distingue la stèle blanche du monument où est inscrit son nom. Comme à cette heure elle doit tressaillir d'aise au fond de son tombeau, l'âme du glorieux enseigne en entendant s'avancer sur l'océan de l'espace notre croiseur aérien qui, après quarante-quatre ans d'attente, lui apporte sa vengeance !

Plus loin, Maricourt et deux autres villages flambent dans le crépuscule, les maisons s'écroulent, l'une d'elles semble exploser ; un peu en arrière, une batterie allemande crache la flamme par la gueule de ses six canons ; en face, près de la Somme, les Français lui répondent. Vers Rozière-en-Santerre, autres incendies plus tragiques encore dans la nuit, plus lamentables surtout si l'on songe au bonheur tranquille, détruit à jamais, qui, durant la paix, s'abritait à l'ombre de ces chaumières.

Au-dessus de la noire cathédrale d'Amiens tourbillonnent des multitudes d'oiseaux mécaniques qui viennent se poser l'un après l'autre non loin de la ville.

Amiens, 29 septembre.

Encore la pluie, et il y aurait tant à faire ! Cette Somme marécageuse, avec ses « hortillonnages » croupissants, ses innombrables méandres, va chaque jour contrarier les sorties, les rendre plus dangereuses pour nous, moins efficaces contre l'ennemi. Les appareils étaient prêts, les pilotes guettaient l'éclaircie. Nous partions, désireux de leur faire du mal, luttant comme des désespérés dans la brume traîtresse, chahutés en tous sens, transis de froid, impuissants à percer les brouillards épais, dépensant sans compter la vie de nos moteurs que les mécaniciens trop hâtés avaient juste le temps de gaver d'huile et d'essence.

Trois fois cet après-midi nous avons essayé en vain, L... et moi, de traverser le rideau d'ouate qui voile le champ de bataille et de profiter d'une trouée pour lancer des bombes, mais les nuages étaient trop bas et surtout trop compacts. Des volutes de vapeurs nous emportaient dans leurs tourbillons, l'avion glissait de côté sur l'aile, se cabrait en arrière, plongeait en avant, tournait en rond et la boussole affolée parcourait en un instant l'orbe de son cadran. La nuit était presque complète. A chaque instant les bombes risquaient de rouler dans la nacelle. Pluie et grêle, rien ne nous fut épargné durant cette terrible sarabande.

Ce soir une autre escadrille V... est arrivée de l'Est, ce qui, avec les Farman, porte à quinze le nombre des appareils présents ; les cieux sont remplis d'oiseaux gris et blancs, les Amiennois ont dû attraper plus d'un torticolis à les regarder voler.

La ville, occupée, il y a un mois à peine, offre d'ailleurs un coup d'œil paisible. A l'heure respectée de l'apéritif, la rue des Trois-Cailloux regorge de passants. Des voitures de la Croix-Rouge amenant des bles-

sés, des autos anglaises armées de mitrailleuses et défoncées par les balles sillonnent
les voies principales et la foule, respectueuse,
s'écarte en hâte devant les massifs camions
des aviateurs ou les autobus de l'infanterie.

Notre capitaine L... m'a nommé son se-
crétaire. Les ordres sont transmis du quartier général de Clermont durant la nuit et
communiqués le matin. Le commandant G...,
député-aviateur, vole avec nous et dirige le
travail. Son « cran » et son affabilité en ont
bien vite fait un chef adoré qui nous tient
dans sa main comme ses enfants. Sur la
carte, chacun délimite avant le départ la
ligne de feu puis inscrit sur une fiche ses
heures de vol, le nombre de bombes qu'il a
lancées, les observations importantes recueil-
lies. Le soir il ne me reste qu'à collationner
ces bordereaux sur un registre, tandis que
les camarades, le saint nom de Dieu parfois
invoqué en vain, vident des bocks à la santé
de la Patrie en discutant du « prêt » et de la
« sacro-sainte » prime, ou des incompréhen-
sibles caprices de « l'éternel féminin ». Quelques-uns jouent du piano, d'autres dorment,
d'autres écrivent.

Ainsi notre vie était perpétuellement faite

de contrastes. Après avoir bombardé sans relâche et survolé tout le jour, sans jamais les approcher, les champs où agonisaient les mourants, où le fer et le feu s'unissaient pour détruire, nous rentrions le soir dans des villes paisibles où ne pénétraient jamais l'âcre odeur du champ de bataille ni le sanglot d'appel des blessés, où la population civile, l'arrière-garde de l'armée, pour un moment oisive, auraient pu nous faire oublier parfois qu'à 20 ou 30 kilomètres de nos lignes, des soldats couchaient à la belle étoile, en butte à toutes les privations. Mais le plus souvent nos rires et notre apparente insouciance n'étaient qu'une réaction quasi mécanique, plus physique que morale, contre le « cafard » spécial des aviateurs, contre le fataliste *Ave, Cæsar,* dont ceux-là seuls qui ont beaucoup volé peuvent avoir ressenti l'atteinte parfois si déprimante.

Amiens, **30** septembre.

Par deux fois, pour démoraliser l'ennemi et lui prouver que rien n'arrêtait des pilotes français, nous sommes montés à l'assaut de la voûte nuageuse à moins de 900 mètres du

sol. Il s'agissait, mission plus particulièrement délicate, de la traverser puis de la survoler, et en un point quelconque, déterminé
par la boussole et le temps de marche, d'ef-
fectuer une plongée rapide pour lancer les
bombes, de remonter et revenir aussitôt. La
première tentative nous avait ramenés découragés après vingt minutes d'efforts, de glis-
sades sur l'aile, de fantastiques cabrioles, au
milieu des ténèbres que nous scrutions de
nos pupilles dilatées pour prévenir la rencontre toujours possible d'un camarade,
égaré lui aussi dans les tourbillons de cet
enfer humide et glacé.

Au deuxième essai, une lueur pâle s'allume soudain au fond de ces limbes; l'instant
d'après nous jaillissons éblouis vers le soleil
et l'air libre. Un jour éclatant succède à la
triste misère de la terre sous un ciel d'automne chargé de pluie, à la nuit profonde et
froide où nous nous débattions. L'oiseau
humain vient de pénétrer dans un espace
supra-terrestre que je ne connaissais qu'im-
parfaitement encore, au-dessus des nuages
qui s'étendent en une mer à peine mouton-
née, sans rivage, sans phares guidant les
marins sur l'infini de cet océan. De ses ailes
puissantes, l'avion nage dans le vide, dirait-

on, perdu entre l'immense tapis blanc et l'azur pâle du ciel où Phœbus étincelle de clartés éblouissantes que vous autres terriens n'avez jamais contemplées. Même dans leur marche à travers les banquises illimitées, les hardis conquérants des pôles n'ont jamais rencontré de plaines aussi désertes, d'atmosphères aussi radieuses. La solitude et le silence sont plus impressionnants que jamais. L'accoutumance nous a permis de ne plus écouter le fracas assourdissant du moteur et le sifflement de l'air autour des oreilles. Pour nous donc, en cette minute, plus de bruit, plus de paysage, plus de fumée de batailles, rien qui puisse seulement donner l'illusion d'un son ou de l'existence de la terre. A nos côtés, sur les nuages, énorme ou très petite, suivant l'éloignement, se déplace au centre d'un arc-en-ciel circulaire l'ombre de l'appareil : « le halo des aviateurs ».

L'heure est arrivée, le point atteint. L... ralentit et descend, nous sommes perdus, seul à seul, dans l'immense espace, et soudain, étrange sensation, voici que semble monter vers nous cette mer, qui paraît malgré tout solide et réelle, dans laquelle il va falloir plonger. Elle est tout près ; l'avant de la nacelle y touche ; involontairement, je me cramponne aux haubans...

Une fois seulement encore, derrière le capitaine R..., nous volâmes au-dessus des nuages, mais le spectacle était tout autre : là-haut l'océan était démonté, secoué aurait-on dit par une furieuse tempête. Des vagues énormes et sombres se précipitaient les unes derrière les autres, parfois se heurtaient, s'éclaboussaient en gerbes d'embrun. Il y avait çà et là des montagnes liquides, des éminences d'une teinte plus claire semblables à ces icebergs errant au hasard de l'Atlantique : « Où est R...? » hurlait mon pilote. — « Là-bas dans le creux de cette vague ! — là-bas derrière ce promontoire ! — là-bas au sommet de cette colline ! » et nous voguions de compagnie sur cette mer déchaînée, pourtant silencieuse et immobile.

Amiens, 1er octobre.

« Ton souvenir sera comme ces feux de la barque de ton père que la distance dégage de toute fumée et qui brillent d'autant plus qu'ils s'éloignent davantage de nous. » Cette phrase de Graziella me revient en

mémoire lorsque je songe à cette inoubliable journée. Le soleil étincelant de ses plus
chauds rayons, l'atmosphère d'une pureté
merveilleuse nous permirent trois sorties ;
combien de fois dans la lointaine Allemagne
avons-nous évoqué les heures de cette mémorable soirée, mon infortuné camarade et
moi !

Depuis deux jours, Albert est la proie des
flammes, l'usine Rochet complètement dé-
truite ; les toits des maisons tout alentour de
l'église sont effondrés, mais celle-ci, phénomène étrange, semble intacte (1) et son dôme
doré rougeoie de clarté d'incendie. Elle est
le centre des orbes immenses que nous décri-
vons pour prendre de la hauteur avant de
gagner Bapaume et Combles, points assignés
au bombardement. Un seul coup d'œil saisit
les péripéties de la bataille : à gauche, vers
Arras ; à droite, au delà de Chaulnes, sur un
front de 180 kilomètres, on lutte avec achar-
nement. Voici les tranchées françaises, les
capotes bleues et les pantalons rouges qu'à
1 500 mètres avec la lorgnette on arrive à distinguer ; en face serpentent les tranchées

(1) L'église d'Albert (Notre-Dame de Brébières), dont le
clocher servait d'observatoire à un espion allemand, ne fut
bombardée que le 8 octobre.

allemandes : dans l'intervalle se traîne une légère voilette bleue, la fumée des coups de fusils. De là-haut on jurerait quelques points de feston délicatement brodés sur la glèbe unie. Jusqu'au lointain horizon, en lignes parallèles, les deux artilleries se canonnent réciproquement, les coups partent, éclatent l'instant d'après au-dessus d'un bois ou d'une redoute, tels les rivages opposés, frangés d'écume, d'une mer en furie. Plus loin encore, à l'arrière, les réserves attendent, infanterie couchée dans les champs ou le long des routes, cavalerie embusquée dans les taillis avec quelques sentinelles en lisière, longue file de convois de ravitaillement, guettant patiemment l'heure de se porter en avant.

Debout sur mon siège afin d'embrasser plus d'espace et savoir où frapper, j'examine le terrain à la lorgnette. Soudain, par le côté, un fracas formidable déchire nos tympans : « Le moteur a-t-il sauté ? » Un vulgaire shrapnell juste à bonne hauteur, presque au bout de l'aile, salue notre arrivée. Bientôt nous sommes environnés de ces lourdes volutes noires, puis blanches, qui demeurent en l'air autour de l'avion comme des panaches de corbillard, mais le premier seul produit quelque effet. La batterie qui tire paraît située à Pozières; il est impossible toutefois de la découvrir.

Onze heures et demie! L'heure de la soupe; on ne saurait être plus aimable envers MM. les Boches que de leur servir aux tranchées une marmite chaude et fumante : En avant, les bombes! Au croisement de deux routes un bataillon d'infanterie a formé les faisceaux et doit casser la croûte. Les hommes affolés s'éparpillent dans les champs, derrière les meules, quand l'obus est déjà sur eux.

A peine le dernier projectile a-t-il quitté ma main que L... pousse un véritable rugissement et je reste moi-même pétrifié par-dessus bord. A 100 mètres en dessous passe un Farman que le plan inférieur de notre avion m'avait empêché d'apercevoir. La fatale rencontre va-t-elle se produire? Quelques secondes... plus longues que des siècles... L'oiseau français a continué sans dommage.

Dans la griserie du soleil qui monte vers son zénith, nous sommes maintenant quinze, vingt biplans qui tourbillonnent sur le gigantesque charnier et « arrosent » les Boches. Canonnés par devant, bombardés par dessus, le fer pleut sur l'ennemi.

A peine étions-nous descendus, l'appareil n'était pas plus tôt ravitaillé en essence et en projectiles que déjà l'on pointait vers Bapaume, Croizilles, Cambrai, pour détruire les ravitaillements et les réserves. A l'orée d'un village, Beugnatre, en sortant de Bapaume, un parc de fourgons proprement alignés et serrés les uns contre les autres excite la fureur vindicative de L... : la bombe tombe en plein milieu; penché sur la carlingue, je vois tout disparaître dans la fumée et la poussière, ma raison s'égare, je trépigne de joie, je hurle, j'embrasse mon pilote abasourdi (1).

(1) Au moment où paraissaient ces lignes dans *le Correspondant*, je reçus la lettre suivante d'un médecin-major français qui était alors prisonnier des Allemands et qui fut rendu au cours de l'été 1915 :

« *Amiens, 2 février 1916*. — Monsieur, voici, au sujet de notre dernier échange de lettres concernant une bombe lancée à Vaulx-Vraucourt le 1er octobre, ce que je puis vous dire :

« Il était environ deux ou trois heures de l'après-midi; attiré dans la cour de l'école des filles (où j'avais une partie de mes blessés, l'autre partie étant à l'hospice) par un affreux tintamarre de coups de fusils et de mitrailleuses, j'ai vu deux biplans, dont je ne puis vous garantir la marque. Au bout d'un moment l'un prit la direction des lignes françaises et l'autre lança une bombe, une seule, mais qui produisit un bruit effroyable.

« Peu de minutes après, un Boche à bicyclette, aussi blanc qu'un mort, et voyant le drapeau de la Croix-Rouge, entra, me tira par la blouse : « Arzt! Venir! Venir! Aéroplane,

Qu'y avait-il dans ce petit parc? des armes, des munitions, des vivres? Peut-être aussi, comme chez nous, des hommes couchés dans un camion réparaient là par le sommeil les fatigues de la campagne, certains d'être à l'abri. Peut-être un fils écrivant à sa mère, comme je ferais moi-même,

boum! Beaucoup kapout! » En disant cela, il dessinait avec la main un vaste cercle imaginaire.

« Comme j'allais le suivre, bien que ne le désirant guère, on m'amena quatre blessés à panser. Je sus quelques minutes après le résultat total : 6 tués, 11 blessés, une limousine défoncée et mise absolument hors d'usage, et 34 chevaux tués.

« La bombe avait été jetée dans un régiment de dragons au repos; une limousine contenant trois officiers était entrée dans le champ; les trois officiers ont été blessés.

« Une demi-heure après, je partis pour l'hospice, d'où je pus voir la malheureuse limousine en si piteux état que je ne comprends pas comment ses locataires ont pu échapper à la mort, et les chevaux en tas sur un espace restreint. Les Boches en étaient effarés : l'un d'eux, qui avait pénétré dans le jardin où il volait des poires au moment de l'explosion, se sauvait, paraît-il, en franchissant tous les obstacles, avec une légèreté inattendue chez un Allemand et criant : « Kapout! Kapout! » Le lendemain encore, un officier me faisait une théorie à ce sujet, me disant que c'était lâche de jeter une bombe sur des soldats qui ne pouvaient répondre. . . . . . .

« Dr W... »

Comme on le verra plus loin, mes notes ont été reconstituées de mémoire; au moment d'être fait prisonnier, je dus détruire mon carnet. Beugnatre, Vraucourt, Vaulx-Vraucourt sont trois villages situés dans la direction nord-nord-est de Bapaume et qui, de là-haut, semblent très rapprochés les uns des autres. Dans la précipitation des bombes à armer, entre deux vols, dans l'un de nos lourds tracteurs automobiles. Et je me réjouis de les avoir tués. « C'est la guerre! »

Une troisième fois, le soir, nous entreprenons un dernier voyage. Un biplan ennemi venait de bombarder Amiens; nous nous

puis à ajuster et à lancer, j'avais rarement le temps de repérer d'une façon exacte le point bombardé; je puis donc parfaitement avoir fait erreur, non seulement dans mes souvenirs, mais encore sur la carte en vérifiant le soir d'une façon rapide les objectifs atteints. D'après « le topo » que le docteur W... joint à sa lettre, les résultats obtenus, la coïncidence des heures et dates exactes, ma certitude d'avoir envoyé une bombe *en plein milieu d'un rassemblement dans ces parages*, j'ai la conviction sincère que la bombe que j'ai pointée comme étant tombée à Beugnatre est bien celle dont on vient de lire les résultats sur Vaulx-Vraucourt.

J'eus le plaisir lors de mon retour de recevoir du commandant G..., nommé colonel aujourd'hui, la note suivante datée du lendemain de notre capture, qui prouvera, mieux encore que ce simple récit, l'importance et l'efficacité de nos bombardements :

« Officiel. Urgent.   6 octobre 1914.

TÉLÉGRAMME

« Général commandant en chef
« A Général commandant armée Saint-Pol.

« N° 1273. Le général commandant en chef exprime au commandant du groupe des escadrilles, aux tireurs et aux pilotes de ces escadrilles toute sa satisfaction pour le travail brillant et fécond en résultats qu'ils ont accompli. Il compte sur le dévouement, le courage et l'habileté de tous pour continuer avec le même succès l'importante mission qu'il leur a confiée.

« *Signé :* JOFFRE. »

lançons à sa poursuite. Il file vers le nord très haut, bientôt il se perd à l'horizon. Albert allait être dépassé à 1 500 mètres de haut lorsque soudain il reparaît au-dessus de nous, un peu en retrait. Voilà l'instant critique et tant attendu. En un clin d'œil la courroie de mitrailleuse est enlevée; mais le duel se présente aussi désavantageusement que possible. Debout, tourné vers l'arrière, par-dessus le plan supérieur j'épie la conduite de l'ennemi; il domine et nous tient sous ses feux : un instant l'ombre de l'oiseau étranger qui voilait « notre soleil » a pesé sur nous, puis il a continué sa course rapide, peu soucieux du combat.

Mais la nuit vient, il faut se hâter de jeter les bombes. Dans l'espace il fait clair encore, le soleil n'y meurt pas si vite que sur la terre assombrie, où l'on distingue plus difficilement déjà la forme des choses. Tragiques semeurs, « l'ombre semble élargir jusqu'aux étoiles » notre geste meurtrier. Un dernier projectile descend sur une colonne en marche entre Péronne et Bapaume, la flamme phosphorescente qui sort des canons de fusils braqués contre nous scintille sur la route.

Au delà d'Amiens, loin dans l'ouest, le jour se meurt. Notre oiseau s'enlève toujours plus haut sous une voûte d'azur aux pâles reflets verts, où la lune à son apogée n'attend que le déclin du soleil pour lui disputer l'empire de la lumière. Au-dessous de nous s'étend un voile de noir brouillard, épais de 2000 mètres et plus, qui recouvre les plaines. A travers les flots sombres de cette mer de brume, comme derrière un verre fumé, le soleil des terriens ne semble plus qu'une sphère rouge sans rayons qui va bientôt s'éteindre. Toute sa clarté monte au zénith en gerbes de flammes et embrase l'horizon du morne océan que nous survolons; une vague d'or et de pourpre y miroite un instant, s'étale à sa surface et glisse paresseusement vers nous. Une dernière minute l'espace est incendié, le rostre de l'avion rutile, ses ailes largement déployées ruissellent de soufre en fusion; puissant et solitaire, il plane, léché par le feu.

Hâtons-nous, cher pilote, vers le lointain colombier! Penchés maintenant tous deux par-dessus bord et tous deux joyeux du travail accompli, nous inspectons l'immense champ de bataille. L... montre le poing à l'ennemi! Je suis abîmé dans l'ivresse de l'heure qui passe, dans cette sensation de volupté sans image que donne le vol et le combat.

La nuit est tout à fait tombée. On distingue plus nettement la fumée des canons, l'éclat des projectiles, l'incendie des villages; la bataille continue toujours! La lune, maîtresse de l'heure désormais, baigne dans sa clarté d'outre-tombe la Somme laiteuse en ses replis tortueux et les champs où silencieuse moissonne encore la mort.

Derrière, dans les tourbillons de l'hélice, les escarbilles du moteur s'envolent en poussière d'étoiles; des vagues de brume lumineuse passent sur la terre et se tordent vers le ciel : on dirait des linceuls animés qui errent désespérément pour voiler le sang qui coule.

Les lumières d'Amiens scintillent dans la nuit. Au centre la cathédrale détache sa masse gigantesque et noire; plus loin le brasier du camp s'allume, phare des avions trop lents à rentrer.

Et la vie de la terre a repris pour nous!

Amiens, 3 octobre.

Depuis quatre jours une étonnante popote s'est installée au beau milieu de notre campement. Sur un fourgon automobile, une colossale dame-jeanne, au long col et d'étroite embouchure, mijote et fume sans répit. Des artilleurs cuisiniers, plus sordides que des démons, plus barbouillés de suie que des ramoneurs, plongent et replongent dans la bonbonne des louches ruisselantes d'un liquide semblable à l'eau qui répand d'abondantes vapeurs. Cette extraordinaire composition est versée, par leurs soins, dans des marmites feutrées et mêlée d'une poussière noire dont l'air alentour est embrumé. Ce sont là, paraît-il, de nouveaux engins d'une puissance explosive considérable. Par une piquante ironie du sort, le camion de réquisition sur lequel se déroulent d'aussi singuliers apprêts, et qui n'a pas eu le temps d'être repeint, porte en titre : « Lessive des Familles, se vend dans les villes et les campagnes. » Bon augure, on va passer les Boches au bleu !

Et toujours de la brume ! Hier comme aujourd'hui. Trois, quatre fois par jour, nous nous lançons inutilement à l'assaut de la mouvante muraille : elle voile jalousement son secret. Le commandant G... paye de sa personne et part le premier faire un tour d'essai pour reconnaître si la route est libre et s'il peut lâcher ses pilotes. Il y avait ce matin deux mers de nuages, l'une à 900, l'autre à 1 800 mètres : captifs entre le double linceul, nous tournions tous en un gigantesque manège, dont Albert était le pivot, attendant l'éclaircie. Parfois un camarade plus heureux profitait d'une rupture des banquises, disparaissait dans le brouillard, risquait une bombe, essuyait quelques coups de canon, puis revenait prendre sa place dans la chevauchée fantastique et guetter une deuxième percée. Parfois l'océan refermait à jamais ses abîmes entr'ouverts au fond desquels se distinguaient les terres. Tout était caché, on se croyait sur Maricourt, on planait sur Corbie avec la sensation étrange que peuvent éprouver des navigateurs perdus dans les ténèbres des pôles.

Souvent ainsi dans la vie on tourne sur place espérant une trouée, mais le voile se déchire trop loin ou trop tard pour qu'on puisse en profiter.

Dans ces courses nous nous croisons, nous nous survolons, nous luttons de vitesse côte à côte et de nacelle à nacelle des mains s'agitent, des visages se sourient dont on reconnaît les traits.

Des tourbillons de fumée montent encore

des ruines d'Albert. Ce soir, vers Chaulnes, d'autres incendies étincelaient dans la nuit; plus près, Geudecourt et Fricourt étaient aussi en feu. Ils ont donc la rage de détruire! Que restera-t-il de nos pauvres petits villages français?

Amiens, 4 octobre.

Qu'elle est longue, qu'elle est fastidieuse cette maudite route droite d'Amiens à Cambrai, coupée presque au milieu à Bapaume par celle d'Arras à Péronne qui forme avec elle une gigantesque croix. Depuis bientôt une semaine, près de sept heures chaque jour, nous survolons les mêmes chemins. Au-dessus des champs de bataille le travail ne chôme pas; la carte, la direction à suivre, les observations minutieuses à recueillir avec l'œil ou la jumelle, puis à inscrire; les bombes à armer et à lancer, pas une seconde inemployée. Que faire à l'aller et au retour? Grignoter du chocolat, prendre des notes sur mon cher carnet, essayer un somme, parler ou mieux hurler avec L..., faire des signes aux camarades qui passent, monter sur son siège et inspecter l'horizon, jauger l'essence, se glisser entre les plans en arrière jusqu'au moteur, vérifier l'huile, détacher ou rattacher la mitrailleuse en cas d'alerte, tenir le « manche à balai » de direction tandis que le pilote se réchauffe les mains ; toute cette gymnastique de gabier de beaupré aide à passer le temps. Seule la batterie anti-avion de Rozières vient vraiment rompre la monotonie du parcours ; un copieux bombardement vous nimbe chaque fois d'une auréole de mitraille.

Ce matin, la région nord-est de Bapaume où nous avions mission de travailler était presque déserte. Disparus, les innombrables parcs de jeudi dernier ; désertes, les routes et les campagnes ; seulement à Vaux-Vraucourt un rassemblement important mérite un diligent « arrosage ». Biplan boche vers Croizilles qui fonce à notre rencontre : 800, 600, 400 mètres... je gradue la hausse. Il descend dans ses lignes ! Décidément ils ne sont pas pressés de se battre.

Cambrai semble tout proche ; en vain depuis huit jours je supplie qu'on m'envoie bombarder la gare terminus qui leur amène d'Allemagne tant d'hommes et de matériel. Quand donc nous y lancera-t-on ?

Nous sommes maintenant depuis deux

heures tout seuls à plus de 60 kilomètres en pays envahi : le silence des espaces et la solitude de la terre, pour nous qui travaillons en « vols » nombreux et sur la ligne de feu, ont quelque chose de farouche dont je n'avais jamais goûté si vivement le recueillement propice au travail, aux observations méthodiques, aux méditations déductives sur les positions de l'ennemi. Tout de même, s'il survenait une panne, si un fil d'allumage se brisait! Et malgré soi, l'œil se fixe, avec un peu d'énervement parfois, sur le cadran du compte-tours où bat le cœur fragile de l'oiseau.

Un train fume sur la ligne de Cambrai à Bapaume; ma dernière bombe le manque. Voici plus loin un parc d'aviation que les nuages avaient empêché de distinguer. Hélas! plus de munitions, ce sera le travail de demain.

Deux Farman au retour survolent en dessous de nous la campagne grise : on dirait ces goélands qui, les ailes immobiles, bravent l'intempérie des équinoxes. Depuis Albert, à quelques kilomètres en arrière de la ligne de feu, L... est descendu presque au ras du sol : les paysans ont repris leurs charrues et, appuyés sur les aiguillons, ils considèrent les étranges oiseaux, signe des temps, qui passent ronflant sur leur tête. Dans les tranchées, arrosées du sang des morts, le travail, l'an prochain, fera à nouveau germer la vie.

La soirée pluvieuse empêche toute sortie et permet un peu de repos. A force de vivre dans les nues, nos yeux méditatifs de l'infini ont pris ce regard lointain des marins. Dépaysés de l'air, les oreilles bourdonnant des dépressions de l'altitude, du ronflement du moteur ou du sifflement du vent, il nous semble encore que, tout autour de nous, les choses se balancent du même mouvement très doux de nos nacelles dans le bleu des espaces.

J'ai profité de ces loisirs pour donner la main à Keep, notre brave petit mécanicien, dans une rapide revue des tendeurs et culbuteurs et du dédale des conduits d'eau, d'essence, d'huile, d'électricité de notre appareil. Puis des lettres à ma famille ont absorbé le reste de mon temps; je leur recommande le calme et la patience au cas où ils devraient rester sans nouvelles de moi. Dans notre métier, sait-on jamais?... Le mieux est d'être « toujours prêt ».

Du camp de Mersebourg, Allemagne,
10 octobre 1914.

Autour de moi, dans la paille d'un hangar ouvert à tous vents, des tirailleurs algériens sont couchés. Il fait un jour gris et morne, une humidité glacée et pénétrante. Devant, dans la boue liquide de la cour qui dégage une vague odeur de marais, des soldats belges et français en uniformes de toutes les armes pataugent par petits groupes; au milieu d'eux errent mélancoliquement quelques civils hâves, drapés d'une couverture, et deux prêtres en soutane. Au loin, l'espace est divisé en cours semblables où s'élèvent d'autres abris identiques où déambulent des hommes pareillement vêtus, où se dressent les carcasses inachevées des futurs baraquements.

Alentour s'élèvent des palissades de fils de fer barbelés, si serrés que l'horizon de brume en est encore assombri. Des sentinelles allemandes, massives et rougeaudes, un béret sur la tête et le fusil à l'épaule, montent gravement la garde. Du paysage on ne distingue rien, tout est noyé dans le gris; seulement tout près, un triste moulin à vent, semblable à un casque à pointe, lève dans le ciel morose ses bras décharnés; une rangée de peupliers essaime au vent d'automne ses premières feuilles mortes.

Je suis étendu aussi dans le triste chenil, mais mon esprit survole toujours les riches plaines de France, où la bataille était dans toute son action, voici sept jours déjà, et nettement à mes yeux repassent les minutes tragiques de la semaine qui finit.

Lundi dernier, le malheur est arrivé. Ce matin-là, *je savais* que nous ne reviendrions pas; ce n'était pas l'appel de la Mort qui parfois d'avance avertit ses victimes. Non, il me semblait seulement qu'un voile obscur cachait notre destinée, j'avais en moi-même la certitude, doublée d'un invincible malaise physique, que le soir nous ne rentrerions pas au colombier. Un soldat en guerre doit-il seulement prêter l'oreille à de tels pressentiments?

L'ordre est de gagner Saint-Pol; l'ennemi remonte vers le nord et dessine un mouvement tournant sur Arras; nous irons bombarder la gare de Cambrai et observer au retour l'attaque qui se prépare. Enfin, cette fameuse ligne du Nord, nous allons donc essayer de la couper!

L'appareil est sorti, quatre bombes montées à bord. Le capitaine R... à gauche, son
avion sur la même ligne, fait également ses
préparatifs. « Êtes-vous prêts? » nous crie-
t-il. L... me fait embarquer une cinquième
bombe; il a l'air soucieux, lui aussi. Keep
n'est pas là, j'aurais tant aimé qu'il jetât un
dernier regard au moteur. Nos cuirs sont
revêtus, l'hélice mise en marche; il est
7 h. 40; le mécanicien arrive tout essoufflé,
trop tard!

Je n'ai pas dit *adieu* au capitaine R...; il
est temps encore; si je le chargeais de mon
carnet de notes que j'ai tant hésité ce matin
à emporter?

L'oiseau s'élance. Par-dessus bord, je me
penche vers mon capitaine pour lui adresser
un signe de main. Il était tout à ses cartes
et n'a pas entendu mon cri ni vu mon geste.
Jamais plus nous ne devions nous revoir.

En deux « spires » l'avion a bondi du nid
familier, pris son vol, gagné l'espace, pointé
vers l'est. Adieu, cathédrale d'Amiens, dont
les tours nous ont tant de fois guidés, au-
dessus de laquelle, à l'aller plus encore qu'au
retour, nous avons imploré la protection du
ciel, où « l'ange pleureur », son visage de
marbre caché dans ses mains potelées, m'a

souvent fait rêver! Adieu, la cité, dont nous nous envolions à l'aube pour rentrer à la nuit éblouis de soleil ou transis de froid, lassés de travail et les yeux encore enfiévrés des visions de la bataille. Et sur la route familière une dernière fois nous sommes repartis.

Qu'il est long, ce chemin trop connu! Le froid et l'humidité traversent les vêtements et les gants. Entre la rivière d'Ancre et la ligne de Bapaume à Arras, un énorme parc d'artillerie est assemblé; une batterie, puis deux, bientôt cinq au même point, qui paraissent attendre un ordre. Personne ne bouge de peur d'être vu. Quelle belle cible il y aurait là, mais c'est Cambrai qu'il faut viser; je me borne à une simple inscription au journal de bord. Il est 8 h. 30; depuis Amiens, dans la joie de l'action, mes pressentiments se sont évanouis. A Bapaume, autres objectifs : le centre d'aviation repéré la veille, un rassemblement important sur la place, un train (1) qui fume en gare. Si l'on bombardait copieusement tout cela? « Cambrai, Cambrai », gémit la voix du Devoir.

____

(1) Ce train était rempli de prisonniers français que j'ai retrouvés dans la captivité et qui, non sans inquiétude, nous voyaient passer, nous et nos camarades.

L... bougonne, « ça ne monte pas » ; pour la dixième fois je regarde l'heure. Un deuxième train est en marche à nos pieds. Qu'importe? En avant toujours, et tout pour le but!

Déjà la ville se dessine plus nettement. A ma demande, L... descend légèrement vers le sud pour virer et prendre les lignes en remontant. Vues d'en haut, la gare et les voies de Cambrai présentent la forme d'un **X** géant dont les quatre branches se dirigent vers Doullens, Valenciennes, Péronne, Saint-Quentin. La branche nord, où nous avons décidé de porter l'attaque, est celle qui monte vers la Belgique, puis l'Allemagne.

C'est ainsi que nous apparurent les rails luisants et les files ininterrompues des rouges wagons prussiens.

2 200, dit l'altimètre. — 8 h. 52 à la montre, — 1 200 au compte-tours. — Vent nord-nord-est léger, bien de face. — Tout va!

Penché par-dessus bord, j'inspecte l'objectif qui s'approche : « A droite. — Un peu à gauche. — Méfie-toi, tu dérives. — Bien « à plat ». — Marche sur la Tour blanche du Château-d'Eau. » Deux bombes armées sont amoureusement bercées sur mes genoux, tels deux jumeaux d'acier, le percuteur posé à droite sur la carlingue, le cran de sûreté retiré. Un rictus de joie sauvage retrousse mes lèvres : « Ah ! bandits, c'est par là que vous nous inondez de soldats et de canons ! » Silencieusement maintenant, la respiration retenue, l'œil rivé sur le repère, j'attends ; il a passé les premières voies, il faut qu'il soit au-dessus d'un grand bâtiment rouge. De la main gauche étendue, j'indique encore au pilote une légère correction de route. Il n'y a plus que quelques centaines de mètres, pas même une demi-minute !...

« La panne ! Nous avons la panne ! Lâche tout ! Nous sommes perdus ! » hurle brusquement L... qui s'est retourné, la main en porte-voix.

Tout d'abord je n'ai pas compris, comme si l'énormité de ce qu'il vient de dire n'avait pas touché les facultés pensantes de mon cerveau. Ainsi, parfois, l'on marche encore avec une balle au cœur. Puis, mon repère n'est arrivé que sur le toit de la maison rouge, et pour la correction du vent il doit la dépasser : « Marche ! marche ! Un instant. Nous y sommes ! » Enfin la tête du viseur a franchi le point, presque ensemble les deux bombes (1) sont tombées, et aspiré par

(1) Nous eûmes la surprise et la satisfaction de trouver parmi nos camarades prisonniers, militaires ou civils, des

l'invincible passion du métier et la curiosité d'une dernière vengeance, penché sur le vide, je les ai regardées descendre.

2 200 mètres. — 8 h. 58, plus de 700 tours.

En quelques secondes, avec la rapidité de la pensée et du langage en face des situations critiques, nous discutons la conduite à tenir. Deux solutions : foncer vers l'est, en plein territoire ennemi, atterrir en lieu sûr, réparer ou brûler, se déguiser en civils, fuir en Hollande ; ou bien, décision en apparence plus logique, mais surtout plus tentante, piquer droit vers Arras, le point le plus proche des

hommes qui avaient vu l'effet de nos bombes sur la région de Bapaume ou ailleurs. D'après leurs carnets de notes et nos souvenirs précis encore, la vérification fut possible. A Béru, le 26 septembre, le maréchal des logis L..., du 6ᵉ hussards, a vu évacuer quatre automobiles de blessés, mais n'a pu savoir le nombre des tués. A Vaulx-Vraucourt, le 4 octobre (1), M. B.... entrepreneur de peinture à Marcoing : *33 chevaux et 10 hommes tués ou blessés*. A Cambrai, le matin du 5 octobre, la première de mes deux bombes, « qu'on entendit presque simultanément », démolit une batterie sur le boulevard de la Gare, près duquel se trouvait l'hôpital de Croix-Rouge allemande où M. l'abbé P..., de la 12ᵉ section d'infirmiers, était alors retenu ; il me fut en outre affirmé que le Kaiser aurait passé toute l'après-midi du 3 octobre avec son état-major au pied du monument de Faidherbe élevé à Bapaume.

(1) Il est probable que M. B... s'est trompé de date et a voulu parler de la bombe du 1ᵉʳ octobre au sujet de laquelle j'ai publié la lettre du médecin-major W... qui était également à Vaulx-Vraucourt à cette époque. Leurs chiffres concordent exactement.

lignes françaises, à 35 kilomètres environ.

D'un brutal coup de barre à gauche, L...
a viré vers l'ouest, et la fuite éperdue commence, l'interminable vol plané vers les
lignes françaises, soutenu par un moteur qui
entre en agonie.

La route? « A gauche! — Non, c'est
celle de Bapaume que nous venons de
suivre. — A droite! Voici la Scarpe et le
canal! »

Au sud d'Arras, vers Bapaume, un peu au
nord jusqu'à Notre-Dame-de-Lorette, la bataille est acharnée. Jamais, avec un appareil
qui descend toujours, nous ne franchirons
cette redoutable muraille de fumée de canon
sans être mis en pièces; mieux vaut tenter un
léger crochet vers le nord. En cas d'impos-
sibilité, il y aurait encore de grandes plaines
désertes pour atterrir et brûler l'appareil, et
le cours boisé du canal permettrait peut-être
de fuir en se dissimulant dans les roseaux ou
le long des berges.

Des grincements intermittents, qui nous
fendent le cœur, ébranlent maintenant l'avion
tout entier. Le compte-tours est fou et saute
d'un seul coup de 500 à 600, 800, pour retom-
ber aussitôt. Nous baissons, déjà 1 900 au
baromètre. « Jette tout pour alléger. » En

un clin d'œil les trois dernières bombes sont armées, car il ne faut pas qu'ils s'en emparent « vivantes », ni qu'ils en surprennent le secret, et filent l'une après l'autre au hasard des champs.

Je me glisse tout de mon long vers l'arrière sur les réservoirs pour atteindre le moteur et chercher les raisons de la panne. L'huile, goutte à goutte, coule normalement aux deux graisseurs, les radiateurs paraissent modérément chauds, aucun culbuteur de soupapes ne semble grippé, aucun des neuf fils de magnétos, pas même le fil de « masse » qui faillit nous coûter la vie à Issy, n'est débloqué de sa borne. D'ailleurs point de « ratés ». Le carburateur, alors ? — mais il est impossible de percevoir le moindre « suçage ». Pour plus de sûreté, je mesure l'essence et la brasse avec la jauge, il y en a au moins 60 litres. Tous les manuels, toute la théorie et la pratique automobile me repassent instinctivement en tête. C'est la lutte calme et méthodique, mais avec la rage au cœur, contre le fer brut, la matière inerte, de la volonté intelligente des hommes qui se savent perdus, mais qui dans leur lente agonie ont le temps de raisonner, de se défendre jusqu'au bout !

On perçoit maintenant des hoquets et des soubresauts sinistres, avant-coureurs des derniers râles ; un instant même l'hélice s'arrête, puis repart brusquement.

1100 mètres, dit l'altimètre. — Le compte-tours ne dépasse plus 600. — 9 h. 12. Dix minutes encore et nous serions sauvés ! On voit Arras et les tranchées françaises comme si on y était ! Une dernière seconde, je me grise du spectacle de la bataille contemplée d'un avion de guerre, et de la joie du vol ! Dix minutes ! Les aurons-nous ? Notre destinée s'inscrit devant mes yeux sur les trois cadrans dont les aiguilles, courtes ou longues, lentes ou rapides, mesurent notre vie.

Dans un village au-dessous grouillent des soldats : mais tirez donc, messieurs les Allemands ! Qu'attendez-vous ? C'est un oiseau de France blessé et qui peut vous échapper encore ! Et toi, vole, engin maudit ! ne vois-tu pas où ton entêtement funeste nous conduit ? Un rire de dément aux lèvres, debout dans la nacelle, je regarde le plancher à mes pieds, qui va bientôt crever sous leurs balles.

O Christ ! comme à cette heure suprême où nous nous sommes débattus comme des désespérés contre la Mort qui montait peut-être vers nous, où j'aurais voulu insuffler à notre oiseau mourant la vie qui débordait en moi pour lui permettre de gagner le port si proche, je t'ai vainement imploré avec la foi profonde de mon enfance pour te supplier, à genoux dans mon moteur, de nous sauver, de nous laisser continuer la lutte!... « Mektoub, » c'était écrit, m'ont dit plus tard les fatalistes musulmans, nos compagnons d'infortune, auxquels bien des fois nous devions conter notre lamentable agonie.

Plus que 900 à l'altimètre! Le sinistre grincement s'accentue. Le dénouement approche! Rien à faire? Si, les papiers à détruire, le journal de route d'abord, où étaient inscrites les batteries de Bapaume, et d'anciens ordres de reconnaissance, oubliés au fond de mes poches ; puis mes notes, et toutes les feuilles, même les plus chères, s'envolent dans le dernier vent de l'hélice, arrachées, déchirées avec les mains, avec les dents. Les cartes! Trop tard. A 750 mètres de haut, le moteur cale pour tout de bon et, au bout d'un champ de betteraves, à cent pas d'un village, vaincus après dix-huit minutes de lutte et d'espoir, nous nous posons. Point d'ennemis! Aurons-nous le temps de réparer? Tout au moins de sortir un revolver du coffre pour essayer d'incendier l'essence et l'appareil? Hélas, non! A peine avons-nous posé le pied à terre pour rechercher la cause de la panne, que des soldats verdâtres, embusqués à vingt mètres à peine derrière des meules et des haies, surgissent brusquement : Clac-clac, ils arment leurs fusils, nous mettent en joue, et marchent vers nous en criant « Kamarades! Kamarades! »

Tout est fini. Sur la douce terre de France, à deux pas des nôtres dont on entend crépiter la fusillade, nous sommes prisonniers de l'Allemagne!

Encore étourdi, je m'éveille comme d'un songe, dépaysé à la vue de ces hommes semblables à des sauterelles dans leurs *feldgrauen* uniformes, accourus de toutes parts, et que j'étais habitué à ne considérer jamais que de 2000 mètres de haut. Au vertige déprimant de la chute, s'ajoute le choc brutal du contraste : quitter tranquillement Amiens, les camarades que l'on pense revoir à déjeuner, et se trouver une heure après transplantés soudain en pleine Germanie, la raison s'égare.

A ceux qui vécurent leur jeunesse dans l'espérance et la préparation de la revanche, puis dans l'enthousiasme de la lutte à son début, qui nourrissaient dans leur cœur une passion intransigeante et farouche pour leur Patrie, mêlée à l'exécration de l'envahisseur, je laisse deviner ce que peuvent être ces moments où les rêves les plus chers s'écrasent brusquement dans l'irréparable néant du mot « fini » !

Des officiers (1) arrivent, puis d'autres hommes encore. L... est persuadé qu'on va nous fusiller; ils ont plutôt l'air joyeux de nous prendre vivants et se montrent par ailleurs assez aimables. Quelques-uns plaindront même notre infortune, mais « c'est la guerre », éternel refrain qui va revenir si souvent désormais. Quantité de simples soldats savent le français et se plaisent à montrer qu'ils s'expriment très correctement, sans accent. Quelques-uns étaient à Paris depuis de longues années quand éclata la guerre et connaissaient Montmartre et l'argot de la Butte assurément beaucoup mieux que moi. Ils ont l'air installés là comme chez eux, en manœuvres.

Le capitaine, entouré de ses lieutenants, nous interroge : bel homme, frais et rose, au visage glabre, aux traits accentués d'impe-

---

(1) Ils appartenaient à un régiment de dragons de la Garde dont le colonel, piquante ironie, était l'impératrice de Russie.

rator romain, il fume un énorme cigare et croque de fines tablettes de chocolat : « Connaissez-vous l'Allemagne ? » questionne-t-il avec orgueil, et sur notre réponse négative il a un « Ah ! ah ! Eh bien, vous verrez » qui fait rêver. Un photographe veut fixer sur la plaque le mémorable événement : appareil, prisonniers et spectateurs ; on nous range. « C'est ennuyeux pour vous ! » me dit d'un ton douceâtre un tout jeune lieutenant fort élégant, qui a plus l'air d'une petite fille que d'un officier. D'un coup de poing, j'ai rabattu mon képi sur mon visage. Deux fois l'opérateur recommence ; après chaque pose, on ne sait pourquoi, de gros rires secouent l'assemblée.

Une espèce de grande brute d'officier prussien, au facies de singe, aux membres disproportionnés d'anthropopithèque, veut s'emparer de ma montre. Du regard il me passe en revue et me déshabille pour savoir s'il me retirera ma veste de cuir, mon maillot de laine, ou un petit gilet d'angora que j'ai sous le bras. Je refuse la montre : il en réfère au capitaine, puis fixe son choix sur le gilet et s'empare en outre du chronomètre de L... Sur mon air indigné de voir qu'il n'offre même pas de le payer : « C'est la guerre, monsieur,

vous, vous avez assez, et moi j'ai froid. »
Quelques types du même genre et nous arri-
verons tout nus en Allemagne; le Kaiser ferait
bien de vêtir plus chaudement les lieutenants
de son invincible armée ou d'augmenter leur
solde. On a pris nos jumelles, casques, passe-
montagnes, lampes électriques et démonté la
montre de l'appareil.

Cependant un caisson de télégraphie sans
fil s'est placé dans les betteraves près de notre
pauvre avion. Le mât est hissé, l'opérateur
transmet son message qui doit annoncer la
prise à quelque quartier général voisin. Un
lieutenant, très correct d'ailleurs, nous fouille
dans une maison abandonnée, située à l'entrée du village; avant de quitter le champ,
nous jetons un regard d'adieu sur le cher
oiseau; je cueille un bleuet, respecté par les
premiers frimas d'automne, souvenir sacré
de la terre de France que nous avons fini de
défendre, et que j'emmènerai dans la captivité.

A 2 000 mètres en l'air, on a entendu tout
à coup le ronflement d'un moteur : entre les
nuages, un Farman passe vers l'est. Soudain
— nous aurait-il aperçus? — il a fait un
crochet juste au-dessus de nos têtes, repart,
puis, comme s'il avait un doute, revient

encore nous apporter du moins sur ses ailes une pensée d'adieu et d'espérance. Il ne verra même pas nos signes; les Allemands, incertains s'il était français ou anglais, le mitraillent copieusement. Comment donc avons-nous pu leur échapper (1)?

Un camion automobile arrive, sorte de plate-forme aux bandages pleins, où sont montées deux chaises et deux sentinelles, baïonnette au canon. Près du chauffeur s'assied un officier (2); la machine s'ébranle, d'abord à travers le village (3), puis franchit un canal et s'arrête dans une ville remplie d'usines (Biache-Saint-Vaast). La population, des femmes principalement, fournit sur la route tous les renseignements qu'on leur demande. Elles osent à peine lever les yeux

(1) Nous ne comprenions pas, mon camarade et moi, comment les Allemands ne nous avaient pas fusillés durant notre longue descente. Ce ne fut que longtemps plus tard que nous apprîmes, par un article du *Corriera della Sera*, sous la signature de O. Bidetti, du 13 octobre 1914, contant tout au long notre capture et qui fut reproduit par un grand nombre de journaux français, qu'ils nous avaient pris pour un des leurs utilisant les couleurs françaises.

(2) En entendant mon nom, cet officier me regarda. « C'est vous, dit-il, qui écrivez des articles de sport dans ... Je vous connais très bien. » Aucun mot ne saurait rendre mon étonnement.

(3) Les Allemands nous dirent le nom, que nous oubliâmes. Depuis, en vérifiant sur les cartes, je pense que nous dûmes atterrir près d'Hamblain-les-Prés.

sur nous. On dirait ces malheureuses subjuguées par la terreur. Pas le plus petit geste
de pitié ou de sympathie, si consolants
alors. Le conducteur, qui s'est trompé, fait
marche arrière; encore quelques kilomètres
de cahotage entre les deux séides impassibles avec leurs pipes aux dents et l'on nous
débarque au centre d'une petite ville, Vitry-
en-Artois, dans le château du notaire (1),
abandonné de ses habitants. D'autres prisonniers y sont déjà rassemblés depuis deux
jours; on fraternise, cela semble si curieux
de retrouver des capotes bleues et des pantalons rouges; bientôt arrive un fort contingent du 2ᵉ tirailleurs, cerné le matin
même près de Bailleul.

Les poussiéreux dossiers verts, rangés par
année, dorment toujours aussi paisibles au
fond de l'étude où l'on nous interroge encore. Un lieutenant, au sinistre nez crochu,
adorné du classique lorgnon d'or, se présente
lui-même : « Ancien élève de M. Faguet »,
étudiant de Sorbonne, « il vient, dit-il, seulement pour faire notre connaissance et avoir

(1) J'ai reçu également une lettre du notaire de Vitry,
actuellement à Paris, qui avait reconnu sa maison d'après
les descriptions que j'en avais faites et qui demandait des
nouvelles de son étude.

le plaisir de causer avec nous. » L'aimable homme! J'en ferai compliment au retour à son illustre Maître! « Tout va au mieux! La Marne? Eh quoi, il n'y a eu ni défaite, ni reculade; Anvers tombera demain; Verdun aussi; Paris dans quelques jours. Et les Anglais? Que pensez-vous des Anglais? Ont-ils beaucoup d'hommes? Croyez-vous qu'ils tiennent longtemps? » Ici, le bât paraît le blesser. Bientôt un général, puis un capitaine fortement barbu et moustachu, une de ces têtes qu'avant la guerre on rencontrait derrière les grillages de nos banques, viennent aussi nous questionner dans le français le plus parisien : « Le Kaiser passait hier ici; dommage que vous n'ayez pas été pris plus tôt; il eût été charmé de vous rencontrer. » Assurément tout le plaisir aurait été pour lui seul!

De l'étude, on nous a fait monter, en compagnie d'un lieutenant du 337ᵉ et d'un capitaine du 2ᵉ tirailleurs, captifs du matin, eux aussi, dans une chambre du château. Elle semble avoir été quittée il y a quelques heures à peine par la femme qui l'occupait. Son parfum flotte encore dans l'air, l'ordre méticuleux a été respecté; l'étagère, garnie d'images et de livres de piété, la travailleuse,

sous la table, remplie de laines et de menus
ouvrages de dames, le berceau dans un coin,
tristement vide. Un Christ très beau, avec
une expression de douleur infinie, est pendu
au mur pour donner l'exemple de la souffrance et rappeler le but de la vie. Quel-
qu'un en bas joue du piano, et au lieu du
pas léger de la maîtresse de maison que
j'aurais tant aimé entendre à cette heure si
seule de ma vie, les lourdes bottes des
ordonnances allemandes ébranlent les couloirs et les escaliers.

La fenêtre donne à l'ouest sur le jardin désert. De la paille, des boîtes défoncées traînent sur la pelouse, divisée encore en une
succession de rectangles par le séjour pro-
longé de voitures de parcs.

Au pied d'une statue de la Vierge, montée
sur des rocailles artificielles, un cheval mécanique, une pelle, un petit seau attendent
toujours l'enfant dont ils étaient les jeux. Il
y avait des larmes dans ces simples choses.
Elles évoquaient tant de souvenirs d'un passé
si différent que j'eus peine à contenir mon
émotion.

Mes compagnons et moi sommes trop
émus pour échanger seulement nos impressions ; chacun songe, la tête dans ses mains,

aux événements tragiques qui viennent de se dérouler.

Prisonnier? Non, ce n'est pas possible. Il est des oiseaux aux ailes trop puissantes, aux instincts voyageurs trop sauvages, pour supporter la captivité : l'azur est leur demeure et la nuit leur tombeau; dédaigneux de la terre, ils l'effleurent parfois, ne s'y reposent jamais. Notre vie n'était-elle pas à l'image de ces hirondelles?

Prisonnier? Pendant la guerre n'être pas à la guerre? A quoi bon toutes les difficultés vaincues au moment de m'engager, puis de partir? Pourquoi cet accident juste au seul point d'où nous ne pouvions pas revenir? Cinq minutes plus tôt ou plus tard, nous étions sauvés. Pourquoi n'avoir eu le temps ni de réparer ni même de brûler notre avion si fatigué ou si inutilisable soit-il? La mort, ou quelque blessure, n'aurait-elle pas mieux valu?

Prisonniers? A l'instant où nous commencions la moisson, où des résultats toujours plus brillants couronnaient notre association toujours plus féconde, à L... et à moi, où nous trempions avidement nos lèvres à la coupe de la vengeance. Comment désormais en assouvir la soif et le regret?

Quelle tristesse au retour dans l'apothéose de la victoire, dont la gloire nous laissera dans l'ombre !

Doucement la pensée s'envole vers les êtres chers laissés à la maison. Bientôt ils apprendront de notre capitaine que l'avion V... s'est perdu dans l'espace avec son équipage et qu'on n'en a point de nouvelles, tels ces Islandais qui disparaissaient à jamais avec leurs goélettes au fond des mers hyperboréennes.

Un morne fatalisme, une lassitude presque béate ont succédé à l'énervement qui suit ou qui précède la capture. Il y a là, chez tous ceux qui viennent d'être pris, un étrange phénomène physique et psychique, réaction sans doute fatale des poignantes émotions traversées, qui fait accepter avec une résignation, incompréhensible de sang-froid, le spectre brutal de la captivité au fond de la lointaine Allemagne, de la privation de la liberté, du froid, de la faim, de l'exil dressés soudain devant les yeux. La première idée que se font les prisonniers de leur état futur est si horrible que, par la suite, le seul fait d'être traités avec un semblant d'humanité équivaut, pour eux, à un bien-être quasi royal qu'ils n'auraient jamais espéré. Pas un

ne peut comprendre comment il a échappé à
la mort, comment il est sorti intact d'une
fournaise où il a cru cent fois périr. Cette
sorte de stupeur de vivre, jointe à la plus
grande lassitude, peut expliquer la soumis-
sion tacite au Destin qui permet de traverser,
comme dans un rêve, les jours du début. Le
réveil se fait longtemps après, quand l'habitude est prise, quand il est trop tard pour
penser à un suicide, à une évasion, à tout
autre projet insensé dont l'idée, sur le moment, serait à peine venue, que les longues
journées de captivité feront discuter dans la
suite.

Il fait presque nuit dans la chambrette; le
soleil se couche, lugubre, sous un ciel lourd
de pluie; en avant, à quelques kilomètres, le
crépuscule est zébré par l'éclat des shrapnells; les lignes françaises sont là à une demi-
heure de marche peut-être; est-il possible
d'espérer une contre-attaque qui vienne cette
nuit nous délivrer?

A Saint-Pol, nos camarades ont dû cesser
d'attendre; Keep, veuf de son avion, de
scruter en vain l'horizon; notre capitaine, de
guetter le téléphone ou l'estafette lui apportant des nouvelles : encore un oiseau qui
manquera ce soir au nid!

Un sous-officier rogue et six hommes viennent nous emmener dans la minuscule cuisine d'une ferme à côté où nous couchons
tous les quatre sur des matelas, par terre,
après avoir obtenu, à grand'peine, un peu
de pain et quelques œufs. Qui donc serait
mieux gardé? Une sentinelle en armes veille
sous la fenêtre, une autre est assise dans la
porte ouverte qui donne sur le corps de
garde. Son ombre apparaît fantastiquement
projetée en noir sur le mur blanc de notre
réduit. Avec son casque à pointe et son pro-
fil brutal, sa longue pipe de porcelaine et sa
baïonnette à scie, il incarne les Barbares en
une vision de cauchemar.

Mardi. — Vers 9 heures, rassemblement
des prisonniers. La colonne se met en route
encadrée de soldats. En tête les fantassins et
les tirailleurs algériens, au nombre d'environ
500 ; le capitaine, le lieutenant, L… et moi
fermons la marche. Sur le pas du presbytère,
le curé du village, d'un geste large, nous
bénit ; une grosse larme roule sur ses joues
bronzées ; des femmes, des enfants, groupés
à tous les carrefours, contemplent le morne
défilé sans un signe, sans une parole d'adieu.
Oh! la rage, puis la honte et le désespoir de

se sentir arraché de sa propre terre, impuissant et désarmé; mais devant l'ennemi je ne veux pas pleurer!

Le brouillard qui tombe a verni les pavés des affreuses routes du Nord. L'on glisse et l'on trébuche; il y a plus de 25 kilomètres de marche avant d'atteindre Cambrai. Toutes les heures, une halte de dix minutes permet un léger repos; depuis notre dernier repas d'Amiens, avant-hier soir, à peine avons-nous dîné. Quelques blessés allemands se sont joints à la colonne, les plus touchés sont empilés dans une charrette de réquisition que conduit son propriétaire. Vers midi, on leur distribue un peu de pain; à nous, rien encore.

L'aspect des sentinelles est repoussant, leur figure horriblement vulgaire, aux simiesques méplats, semée de poils rouges; leurs jambes courtes, massives et contrefaites, leurs bustes trop longs et ventrus, leur démarche pesante; leurs accoutrements déteints et salis les rendent plus hideux encore que tout ce que les écrivains ou les caricaturistes ont essayé de dépeindre.

A Marquion, un régiment cantonne. A peine l'arrivée du convoi est-elle signalée, que des soldats accourent de toutes parts qui se rangent en haie pour nous laisser passer. Nos gardiens trop zélés ont signalé deux aviateurs, et d'ailleurs comment ne pas reconnaître nos vestons et pantalons de cuir? Des rugissements retentissent : *Flieger, flieger, mit schwarzen hosen* (1), les poings se lèvent, des trognes rouges et féroces sortent des vociférations sans nom; les tessons de bouteilles et les cailloux volent sur nos têtes : *Boumben, boumben.* L'un brandit une fléchette d'avion tordue et danse une gigue de cannibale, l'autre agite un morceau de bombe, montre du geste deux caissons défoncés et une meule fumant encore, travail d'hier de nos aéros; du doigt ils nous désignent à la vindicte générale : *Flieger, flieger;* le cri vole de bouche en bouche. De l'arrière, des forcenés courent vers l'avant prévenir leurs camarades, on se bouscule pour mieux voir au milieu d'une tempête de hurlements rauques et assourdissants. Impassibles, l'éternelle pipe aux dents, nos sentinelles laissent s'agiter la soldatesque, elles nous verraient écharper sans lever le petit doigt; seulement, quand la dernière maison est passée, quand le dernier énergumène s'est

____

(1) Aviateurs, aviateurs en pantalons noirs.

arrêté de crier, à bout de souffle, l'une d'elles, un vieux aux tranquilles yeux bleus, me frappe sur l'épaule, et comme je me retourne : *Preussen*, dit-il avec dégoût, en me montrant le village comme pour expliquer son impuissance à empêcher de gueuler ces sauvages : *Ich Bayern* (1), ajoute-t-il avec fierté, en se tapant sur le ventre. Cette tendance séparatiste en fait d'éducation est assez plaisante; il était difficile de ne pas sourire, malgré la gravité de la situation, devant toutes ces faces de Boches congestionnées et ces yeux désorbités. Jamais je ne m'étais senti aussi fier d'appartenir à l'aviation; je n'avais eu autant conscience de l'efficacité de nos engins. Et pourtant mes oreilles bourdonnent encore de ce cri : *Flieger, flieger, mit schwarzen hosen!*

Même drame à Cambrai, où l'on arrive vers la fin du jour. Nous avons pris la précaution de retirer nos cuirs et de les rouler sous nos bras; mais les sentinelles ont encore une fois vendu leur capture. Le lieutenant, à mon côté, reçoit en pleine figure un coup qui envoie son képi rouler dans le ruisseau.

Pauvre ville! Quelle impression! Hier

(1) Moi, Bavarois.

matin, nous la survolions fièrement ; ce soir, nous rampons dans la boue sous les insultes de l'ennemi ! Pesamment, les lourds talons des bottes prussiennes martèlent le pavé, écrasant notre cœur et celui de nos compatriotes qui, cette fois enfin, nous sourient et essaient de nous ravitailler (1). Dans la guérite tricolore de la caserne veille une sentinelle allemande ; à la fenêtre d'une chambrée parade un grossier mannequin de lignard français. Des officiers arrogants déambulent par les rues, monocle à l'œil, cravache en main. Toute la bassesse et tout l'orgueil, toute la barbarie et tout le manque d'éducation teutonne se donnent ici libre carrière. Les soldats tapent à coups de crosse sur des garçonnets et des fillettes qui veulent nous passer du pain ; la boutique d'un boulanger qui jette une miche à un tirailleur est prise d'assaut par ces brutes, qui molestent le propriétaire.

La colonne s'est engouffrée au pas de gymnastique dans la cour d'un immense bâtiment

(1) Au moment de mettre sous presse, j'ai eu le plaisir et la surprise de rencontrer dans le monde, à Paris, une jeune fille, Mlle P. de V..., prisonnière à Cambrai durant dix-huit mois, qui se souvenait parfaitement m'avoir ravitaillé ce soir du 5 octobre, de même que ses traits étaient restés gravés dans ma mémoire.

rouge, l'hôtel de ville, sans doute. Un monsieur en redingote noire, haut de forme en tête, regarde, navré, le triste défilé. Pas une goutte d'eau! pas une croûte de pain! voilà sept heures que nous marchons. Nous tombons épuisés sur le pavé! Nouvelles insultes! On nous accuse d'avoir tué hier des infirmiers et des civils. « Les aviateurs sont des *schweinehund* (1), on les fusillera tous en Allemagne, » déclare péremptoirement un obèse à lorgnon d'or! Ils ne feraient pas tant de bruit si nous n'avions atteint que des compatriotes! Quelle différence entre ceux qui ont vu le feu et ceux qui n'y sont point encore allés. Autant les uns sont intraitables, autant les autres ont été relativement formés par les grandes leçons de la Mort.

Au bout d'une heure, le cortège se dirige vers la gare sous le commandement d'un lieutenant qui fouaille l'air de sa cravache et tempête dans cette langue aux sonorités bestiales. Tous nous courons, tandis que sous les canons de fusils, bravant les coups, des gamins nous distribuent du chocolat. Une femme drapée de crêpe, tenant un enfant par la main, détourne la tête pour dissimuler ses

______

(1) Littéralement : *cochon-chien.*

larmes ; le petit se cache dans les jupons de sa mère. Une vieille regarde, hébétée : « Encore vous ! vous vous ferez donc tous prendre ? C'est bien vrai que la France est perdue ! » et cette parole tombe comme le glas sur un convoi funèbre. Près de la station, des jeunes filles attendent, les yeux rougis, mais domptant leurs pleurs, elles essaient de sourire : « Courage ! courage ! vous reviendrez ! » Ce sont les dernières Françaises que nous ayons vues.

L'officier jure ; des fourgons sans paille sont rangés, il compte quarante-huit hommes et six sentinelles par voiture, et nous montons. Je m'affaisse dans un coin, heureux d'être enfin au repos, mais des soldats accourent de toutes les issues de la gare et un défilé commence dans le wagon, avec le même rugissement sinistre : *Flieger, flieger, Boumben, Boumben !*

Ils nous frottent leurs poings énormes sur le nez et, mêlant la plaisanterie épaisse à la basse insulte, recommandent à nos gardes de veiller « à ce que nous ne nous envolions pas » ! Le lieutenant est revenu ; d'une voix qui fait trembler les vitres et pâlir les prisonniers, il ordonne maintenant : « Couteau, rasoir, fusillés » ; il arrache nos vestons et pantalons de cuir et les emporte avec lui. Les Allemands ne voulurent jamais me dire son nom, mais avouèrent seulement qu'il était Bavarois; j'aurais été curieux de savoir s'il serait aussi lâche après la guerre qu'il le fut à cette minute-là. Son visage d'oiseau de proie, à la moustache de porc-épic, est de ceux qu'on n'oublie jamais : cette veste était un cher souvenir auquel j'étais attaché : elle avait vu mes débuts dans l'aviation et fait toute la campagne; déchirée par les bombes et crevée à Nanteuil, ce matin encore avant de partir je la raccommodai amoureusement. — Quel vêtement maintenant me protégera du froid?

Avec un choc affreux, la locomotive accroche les fourgons à bestiaux où s'entasse la chair des prisonniers français. Un coup de sifflet : les portes se ferment, les wagons s'étirent, les chaînes grincent, le train s'ébranle! Adieu, France! Adieu, Patrie bien-aimée, pour laquelle j'aurais mille fois préféré donner mon sang! Quand te reverrons-nous?

La nuit est complète; un des gardes tire de sa musette une bougie et la donne à tenir à un turco accroupi tout au fond; avec sa baïonnette il coupe quelques tranches de pain, les pique de la pointe et les lance à la volée à l'entour. Le wagon dont chaque tour de roues nous emporte vers l'Allemagne sonne la ferraille et trépide; tous se sont allongés, les pieds et les jambes encastrés les uns dans les autres, si serrés que les membres s'engourdissent; je me blottis entre deux fantassins qui partagent avec moi la moitié de leur capote ainsi qu'un fond de bidon d'eau sucrée, et, la tête posée sur mes souliers, en guise d'oreiller, j'ai perçu dans ma torpeur d'interminables arrêts, puis Valenciennes en pleine nuit, où l'on entendait encore dans le lointain crépiter la fusillade et tonner le canon.

Mercredi. — En avant de Mons, le matin, le train stoppe une dizaine d'heures. Il fait très froid; toutes les voies sont gardées, les maisons occupées par les Allemands. On nous donne un peu de paille, mais rien à boire et rien à manger. Les sentinelles descendent cueillir des branches, des fleurs sauvages, et décorent leurs voitures. Bons bougres, au demeurant, quelques-uns profondément stupides, d'autres d'un niveau plus élevé qui nous demandent parfois nos adresses « pour après la guerre ». Des devises sont inscrites sur leurs casques : « Pour Dieu et l'Empereur. » — « Pour l'Empereur et pour le Droit. »

Cependant Bruxelles est atteint vers midi. Nouvel arrêt de six heures au moins et accrochage de trois autres trains de prisonniers. « *Verdoun, kapout,* » glapit un hystérique à tête de chacal, « 80 000 hommes pris. Paris, *kapout.* 100 000 Russes prisonniers. Anvers, *morgen* (1), *kapout.* » Ces nouvelles ne produisent pas grand effet ; Paris et *Verdoun* nous laissent très calmes ; quant à Anvers, nous la croyions encore imprenable !

Partout des Belges ! des jeunes gens surtout ! Comment se sont-ils laissé prendre ? N'ont-ils pas fui la marée montante des Barbares pour se reformer plus loin et défendre leur pays ? Ils rôdent sur les ballasts des voies de garage, maintenus à distance par des garde-voies, avec des mines inquiètes de fauves traqués qui gémissent sous le joug et ruminent intérieurement d'atroces vengeances.

Jusque derrière les massives traverses de chemin de fer dressées en palissages époin-

(1) Demain.

tés, les yeux collés aux fentes, ils nous regardent passer. Une petite fille, son tablier gonflé de provisions, attend patiemment une distraction de la sentinelle pour accéder au wagon. Cette enfant, telle était la fierté de son attitude, symbolisait sa Patrie profanée, la résistance, le mépris de l'envahisseur.

On était arrivé à la fin du jour : là-bas, dans le crépuscule orange, roulaient de quart d'heure en quart d'heure de sourdes détonations, les derniers coups de canon d'Anvers qui sonnaient le glas de la petite Belgique. De toutes les fenêtres, de toutes les maisons surgissent en hâte des hommes et des femmes qui poussent des acclamations en notre honneur, brandissent au nez des Allemands le drapeau tricolore, des pancartes enthousiastes à la gloire des Alliés contre les vainqueurs. C'était si touchant, si navrant, si différent surtout de l'accueil froid des populations françaises, qu'il n'était pas un homme de notre fourgon, même parmi les plus brutes d'apparence, qui ne pleurât devant ces marques de sympathie, les dernières avant la terre d'exil, qui enracinaient à jamais en nos cœurs l'espoir inébranlable de la Victoire !

Cette nuit sera la dernière en terre amie.

Peut-être eussions-nous pu — tentative désespérée — profiter d'un arrêt, de l'assoupissement des sentinelles ou de l'inattention des garde-voies pour gagner une maison belge où l'hospitalité était assurée, demander vêtements et papiers, passer en Hollande. Après tant d'émotions, sans compter quatre jours de jeûne, la fatigue nous terrassa, nous dormîmes éveillés, sommeil désolant que nous avons tant regretté, mon camarade et moi.

Jeudi. — A Verviers, le matin, il a été enfin possible d'acheter un peu de pain **et de** chocolat. Les ponts et les tunnels sont, hélas! intacts; à peine, de-ci delà, quelques locomotives retournées; à Liége, maisons brûlées. Ironie de l'existence! Il y a un an roulait le long de cette même ligne pittoresque, emporté vers la Russie, l'auteur de ces pages, qui gémissait sur l'inconfort des sleeping-cars du Nord-Express!

Je profite encore d'un long arrêt pour faire l'inventaire de ma fortune; il me reste 37 francs, ma montre, mon stylographe, une gomme, un crayon et mes lunettes d'aéro. Pas un mouchoir, pas un accessoire de toilette, pas une chemise de rechange.

Enfin, à midi, nous traversons la frontière allemande, saluée par les cris de nos sentinelles. Le pays quitte aussitôt son farouche aspect guerrier, les campagnes semblent calmes et reposées, les hautes maisons blanches somnolent sous leurs énormes toits de tuiles rouges. Quelques travailleurs dans les champs, mais surtout des *gretchen* qui profitent des moindres arrêts du train pour compter fleurette à nos gardiens et rire sur un ton suraigu. Les « sidis » (tirailleurs) obtiennent un immense succès de curiosité, mélangé de terreur, au grand désespoir de leurs frères d'armes les « biffins » (fantassins) qui me paraissent dans la circonstance jaloux de leurs camarades à peau noire. Les villes présentent, dirait-on, l'aspect accoutumé de circulation et de labeur. Il y reste quantité d'hommes mobilisables; des restaurants en plein air ont établi le long de la voie leurs tables et leurs chaises sur lesquelles de paisibles bourgeois et leurs épaisses compagnes, ceux-là mêmes qu'immortalisa à jamais le crayon d'Hansi, boivent de la bière et mangent de la saucisse en regardant passer d'un œil stupide et satisfait les prisonniers de l'invincible Allemagne.

Ils acclament les troupes qui s'en vont au

feu. En vingt-quatre heures nous n'avons pas rencontré moins de dix-sept trains de soldats bourrés d'hommes jusque dans les logettes des serre-freins. « Tous volontaires », disent fièrement les gardes. A notre vue, les poings se serrent, les faces se congestionnent, ils s'éloignent dans une tempête d'injures en hurlant la *Wacht am Rhein* et le *Deutschland über alles*. « Pauvres diables », murmure dans le fond du fourgon un poilu blessé, « ils verront bien quand ils y seront qu'il n'y a pas de quoi rire. » Un mois plus tard, l'Yser était le tombeau de ces jeunes recrues.

Des convois entiers de munitions, de canons, de pieux aiguisés, de fils de fer barbelés, s'acheminent aussi vers l'ouest. Sur un fourgon, une caricature à la craie, plus particulièrement soignée, montre la République roulant vers Bordeaux Poincaré dans une brouette. A la nuit, nous atteignons Aix-la-Chapelle, puis Cologne, et le Rhin est franchi, barrière qui nous séparera désormais du monde civilisé. Il faut attendre Dusseldorf, où l'attaque de deux aéros anglais sur les hangars de zeppelins, a mis la gare en rumeur, pour obtenir à grand'peine d'une jeune fille de la Croix-Rouge une tasse d'un amer liquide noir.

Vendredi. — L'agence des prisonniers de guerre a résolu sans doute de nous faire visiter le pays : on monte au nord, on redescend au sud; quel sera le terme de ce voyage circulaire? Mais toujours rien à se mettre sous la dent. A Brunswick enfin, dans la soirée, première bonne soupe depuis cinq jours et charmants hôtes, des Allemands épais, roses, joufflus, «luisants de graisse», tels ces jeunes porcs que ce divin Achille immola au jeu funéraire de son ami Patrocle. Dans leur certitude tranquille de l'écrasement de la France, ils nous tapent sur le ventre avec familiarité : «Hé, hé, monsieur, *Paris, kapout.* » Ah! ce *kapout*, quel refrain, quelle scie lugubre entendue par nous durant des mois!

Un *feldwebel* magnifique va et vient, le sourire aux lèvres; son abdomen et son arrière-train du plus beau rebondi lui font, sous son dolman serré à la taille, comme une petite crinoline : tout cela n'est que factice ballonnement de cigares et de tabac qu'il distribue aux prisonniers avec ce regard protecteur et attendri du loup devant l'agneau qu'il va dévorer. Mais ces Hanovriens réservent surtout leur haine pour les Anglais : « Vous tirez les marrons du feu », affirment-ils. « Les marrons ne nous brûlent pas, » répliquons-nous!

Le convoi roule de nouveau sans trêve ni repos. En pleine nuit une dislocation se produit dans le train ; on accroche et décroche, on tire par secousses, on tamponne par chocs épouvantables qui nous brisent les uns contre les autres. Les pauvres blessés hurlent de douleur. Enfin, vers 4 heures du matin, les portes du fourgon grincent sur leurs galets : *Austeigen* (1)! répètent de wagon en wagon les sentinelles à moitié endormies; nous sommes au terme du voyage. Des nuages très bas et lourds courent sous une triste moitié de lune ; une brume glacée tombe sur nos épaules frissonnantes, les pavés glissent, l'eau couvre les chemins. De grandes maisons rouges, sinistres dans la nuit, un pont, la campagne, une plaine, entourée de grillage où dans le brouillard vacillent des lueurs de becs de gaz, où se dressent des échafaudages de hangars, et, derrière nous, pour combien de mois, la porte massive du camp est retombée.

Samedi. — Mon carnet de notes est détruit, rien ne demeure du passé que le souvenir, plus brûlant qu'une blessure, mais dans ma

____

(1) Descendre.

tête en feu, heure par heure, jour par jour, sont inscrites à jamais les minutes vécues, et sur le carnet de prêt d'un sergent-major, mon compagnon d'infortune, je les ai retranscrites aussitôt.

Anankè! Tel est le titre de la première page. Il est donc quelque chose au-dessus de l'énergie, de la volonté, du courage, de plus fort que la mort elle-même qui n'a pas voulu de nous : la destinée! Vaincus et rageurs, elle nous brise sous un joug inflexible!

Avec le temps cependant, malgré la grandeur du sacrifice et la colère qui bouillonnait en nos cœurs, nous avons remercié Dieu qui nous donna la force physique et morale de supporter une aussi terrible épreuve, et dans ce qui ne nous était apparu tout d'abord que comme un destin imbécile, nous avons reconnu la main de Celui sans la permission duquel pas un cheveu ne tombe de nos têtes!

Cambrai! Cambrai! Ville maudite, ville de briques noircies par les fumées d'usines, telle tu m'apparus du haut du ciel à mon dernier vol, je te reverrai jusque dans la tombe avec l'X inflexible de tes rails d'acier, au milieu de tes maisons rougeâtres, tels deux os de mort croisés sur quelque sanglante draperie, sans que cesse de retentir à mes

oreilles, comme un appel de mourant, ce cri
d'angoisse de mon infortuné camarade : « La
panne! la panne! lâche tout! nous sommes
perdus! » Le souvenir de la lutte qui suivit
et en quelques minutes faucha nos dernières
espérances et paracheva le désastre, jusqu'au dernier jour, hantera aussi mes cau-
chemars!

Et vous, jaunâtres plaines du Nord, semblables à une peau de léopard mouchetée
par les taches sombres des villages et des
bois, je conserverai intacte la vision obsédante de vos mornes étendues, de vos
grandes routes droites, bordées de peupliers, par lesquelles je vis descendre vers
le cœur de la France, en rangs pressés
comme des fourmis, les innombrables légions germaines que nous eûmes à peine le
temps de frapper!

Finies maintenant les fantastiques che-
vauchées aériennes, nos ailes sont brisées!
Finie l'existence à bord de ces chers avions
de guerre! Pour vous qui, les yeux levés
vers le firmament, nous regardez passer
avec un sentiment d'envie ou d'admiration,
dites-vous que ce fut souvent une vie très
dure pour ceux qui avaient conscience de
leur mission, la passion de leur métier, et

que vous avez tout ignoré des drames de
là-haut!

Songez aux pilotes cernés par les nuages,
bourlingués dans la brume, désorientés,
égarés au loin dans les lignes allemandes, où
le moteur soudain faiblit; au taube ennemi
qui rôde, aux minutes d'attente angoissée,
précédant le duel aérien dont l'issue est
incertaine, qui va s'engager à la gloire des
trois couleurs que chacun de nos oiseaux
déploie fièrement sur ses ailes! Pensez à l'angoisse de ces deux hommes, perdus dans
l'immensité, pauvres jouets soumis au ca-
price d'un fil qu'une balle, un grain de
rouille peuvent briser; à leurs luttes contre
la tempête qui les ballotte et leur soulève le
cœur; à la pluie qui les cingle, au froid surtout qui les torture durant les longues heures
immobiles, au froid qui s'insinue malgré les
plus chauds vêtements, engourdit les membres et paralyse la volonté dans des sup-
plices qu'elle est impuissante à dominer.
Savoir souffrir! La victoire là aussi est à ceux
qui peuvent le plus, le plus longtemps souffrir.

Seuls ils s'en vont, orgueilleux de leur
jeunesse, ivres d'espace, à la poursuite de
leurs rêves! Même par compagnies, volant

et travaillant ensemble, ils ne peuvent ni se secourir, ni s'entendre, mais une amie ne les quitte jamais, qui vole à leurs côtés, solitaire elle aussi, la Mort bravée et dédaignée, qui les assiste dans leur travail et patiemment attend son tour en les frôlant parfois de son aile!

Mais qu'importe les oiseaux qui tombent, la mitraille qui déchire, les pilotes précipités du haut du ciel ou brûlés vivants contre la griserie de monter toujours plus haut! Cette nostalgie de l'infini n'est-elle pas le secret de notre force?

.   .   .   .

.   .   .   .

Tout cela n'était que pour finir en sabots, dans la boue et la vermine de leurs camps!!...

Mes compagnons dorment. Au loin retentissent les notes étrangères d'un clairon allemand sonnant le couvre-feu : le rêve est mort, la réalité m'attend!

DANS LES CAMPS D'ALLEMAGNE

SOUVENIRS D'UN PRISONNIER

DE GUERRE

Du camp de Mersebourg (Allemagne),
octobre 1914.

Ici s'élève la cité des morts : « Vous qui entrez, laissez toute espérance! » Cette devise n'est point inscrite à la porte du camp refermée sur nous, depuis quelques jours à peine, mais elle émane des choses, tant on éprouve l'impression d'un gigantesque tombeau où errent des fantômes vivants.

Nous sommes dans l'empire du fil de fer. Il vous enlace, vous enveloppe, étouffe la vie, empêche l'air de pénétrer, et ne laisse entrevoir le pays qu'à travers un filet. On en reçoit l'impression démoralisante d'une captivité de bêtes, d'un encagement dont seules les cellules occupées par les fauves des jardins zoologiques peuvent donner une idée. Imaginez un immense rectangle de 400 mètres sur 250, clos jusqu'à 10 mètres de hauteur par deux rangs de ronces artificielles, entre lesquels règne une sorte de boulevard extérieur de 5 mètres de large. Divisez cet espace en huit compartiments, dont chacun contiendra une compagnie, séparée des autres par le même impénétrable grillage, renforcé de mètre en mètre par des poteaux ou des tendeurs, pour rendre tout écartement, tout flottement impossible : peut-être prendrez-vous conscience de l'effroyable souricière dans laquelle tant d'hommes vont passer des mois, des années même, beaucoup sans jamais en sortir, retranchés du nombre des vivants. En dehors des fils de fer, la vie continue; des promeneurs vont et viennent; l'automne essaime ses feuilles que le printemps verra reverdir; eux, les emmurés, seront toujours là!

Pas un arbre, pas une fleur, pas une touffe d'herbe, seulement la terre unie, poussiéreuse en été, lac de fange en hiver. Au loin, la plaine parfaitement plane, toujours noyée dans la brume; çà et là, en avant de la ville voisine, quelques arbres rabougris de la morne Saxe.

Notre camp n'est que lignes droites, carrés, rectangles, alignements inflexibles, symétrie désespérante. A l'extrémité de chacune des huit courettes, sont élevées les baraques au nombre de six, sur trois rangs : quarante-huit au total, en trois files de seize, serrées, tassées les unes contre les autres, traversées en longueur par deux avenues plus larges, en côté par vingt-quatre ruelles plus étroites. Elles sont trapues, noires de goudron, sévères et hostiles ; on dirait les énormes catafalques d'un étrange cimetière.

Au dehors, d'autres bâtiments encore, cuisines, infirmerie, douches, kommandantur, pareillement enlacés dans le fil de fer, ville artificielle et sombre, élevée à la hâte sur la plaine désolée.

Tous les trente pas, sur le chemin de ronde extérieur, des sentinelles veillent, aidées plus tard de chiens policiers. Au milieu, de chaque côté du rectangle, un corps de garde ; dans chaque angle, une cabane de mitrailleuse surélevée qui permet de prendre tout le camp en enfilade ; au nord, une butte dressée par les prisonniers porte deux pièces de canon, avec un artilleur de garde.

Aucune impression des premiers jours n'est marquée sur mon carnet, mais seulement quelques phrases brèves : « Humidité — froid affreux — faim — soupe claire — touché une gamelle, une cuiller, un torchon et une couverture — comptage et recomptage laborieux durant des heures et des heures, les pieds dans l'eau ; les Allemands s'y mettent à plusieurs, officiers et sous-officiers recommencent chacun cinq ou six fois et jamais ne sont d'accord. Assaut de la cantine pour acheter du pain. (Dans cet heureux temps, on pouvait encore en trouver et il était passable.) Manger et dormir, dormir et manger. Tout le monde est épuisé. » Ces notes hâtives sont mes seules impressions de début.

Les couteaux sont défendus ; alors stoïquement, sur des débris de tuyaux de fonte, en guise d'enclume, aidés d'une pierre ou d'une brique, inlassablement durant des journées entières, chacun forge et aiguise le manche de sa cuiller : tels des faucheurs battant leur faulx, sous les grands peupliers, près du cours d'eau jaseur, où le brillant soleil de juin mûrit les foins. Pauvres lames primitives, que d'objets divers nous vous devons : petites tables et petits bancs, jeux de dames ou d'échecs venus améliorer ou distraire notre misère, aussi le martèlement musical et ininterrompu de votre enfantement est-il inséparable dans mes souvenirs des tristesses de ces premiers jours !

A notre arrivée, rien de prêt encore : les baraques dressent dans le perpétuel brouillard leur squelette décharné, nous couchons dans la paille, sous de fragiles abris de bois. Trois compagnies seulement sont installées. Mais de jour en jour, de nuit en nuit, l'immense troupeau des dix mille prisonniers qui vont bientôt demeurer ici s'augmente de quelques centaines de têtes : Français, Russes, Belges, Arabes, Anglais enfin.

Les oreilles bourdonnent encore des coups de canon et du fracas des batailles, et quel étonnement de ne plus entendre la voix furieuse du *grand frère de fer*. Les hommes se retrouvent, se racontent leur campagne : mitrailleuses et champs de betteraves sont le *leitmotiv* de tous les récits. Ah! ces betteraves du Nord, leur sucre qui mûrit sur les cadavres de nos plus valeureux soldats devrait être rouge

> Quand la sève qui les colore
> N'est faite que de sang humain.

Les récits de campagne vont leur train. On revient de Belgique ; on se bat près de Verdun ou de Nancy, à Longwy, à Morhange, Charleroi ; on est pris à Maubeuge ou à Lille ; quelques-uns ont connu les heures glorieuses de l'offensive et ont poursuivi les Allemands en déroute jusqu'à l'Aisne, jusqu'à la Somme.

Il y a là des hommes de toutes les armes, de tous les régiments et même des *civilistes*, soi-disant francs-tireurs du Nord, enlevés par les Allemands ; depuis l'enfant de treize ans jusqu'au vieillard de quatre-vingt-quatre, depuis l'agriculteur, le riche industriel des départements envahis, jusqu'au pâle voyou, déchet des conseils de révision, la poitrine étroite, les omoplates saillantes, qui grelotte sous sa casquette et son foulard à carreaux, n'ayant pas eu le loisir d'emporter une chemise ou une veste de rechange. Dans le nombre, plusieurs prêtres en soutane, un vicaire des environs de Bapaume, arraché de son église, tandis qu'il y chantait vêpres ; un autre, l'abbé R..., de J... (Aisne), accompagné de son père, noble vieillard de soixante-quinze ans, auquel il manque un œil ! Des frères retrouvent leur frère, des cousins leur cousin, après des semaines de détention commune. Voici même d'anciens prisonniers de 70, mobiles de Faidherbe, dont l'un, petit vieux au visage ridé, curieusement sculpté, prisonnier déjà durant la guerre du Mexique, fut interné à Dantzig, pendant *l'année terrible ;* il se retrouve de nouveau en Allemagne, à un âge où il pouvait espérer le repos.

Plus divers encore sont les militaires ; grenadiers et guides belges en culottes amarante, alpins et chasseurs, lignards surtout, l'air dépenaillés et *je m'en fichistes*, avec leur capote tachée de boue et leur barbe hirsute, douaniers fureteurs, fouillés à leur tour, artilleurs en petit nombre. Tous, venus des différentes provinces de la Patrie chérie, semblent s'être donné rendez-vous dans cette étrange villégiature : ceux du Nord, au parler mi-flamand, mi-vallon ; ceux de l'Ouest, qui gardent dans leurs prunelles la vision lointaine de la terre de granit battue par le flot, et que le mal du pays a de suite groupés, silencieux et farouches ; ceux du Berry vaguement semblables à leurs moutons ; ceux de la Savoie, aux pommettes saillantes ; enfin, ceux du Midi, petits et noirs, du soleil plein les yeux, une chanson sur les lèvres. Leurs tuniques portent encore les médailles, les croix, qu'épinglèrent au départ mères, femmes ou sœurs. Ils se reconnaissent à leur démarche, à leur accent surtout : « C'est parler de son pays en parlant d'autre chose. »

La poitrine des tirailleurs algériens porte inscrite, médaille par médaille, année par année, toute l'épopée coloniale française :

Tonkin, Dahomey, Madagascar, Maroc, Sahara. Un grand diable de clairon a même traversé l'Afrique à la suite de Marchand et de Baratier. Les vieux *Landsturm*, nos gardiens, les considèrent avec un étonnement mêlé de respect. Un antique fusil sur le dos, un brassard à la manche de leur vêtement civil, ils sont accommodants, parfois facétieux à la manière allemande : « Nous avons un canon, dit l'un d'eux avec un large rire, de 52 centimètres, qui portera de Calais à Londres, ou presque. Voilà qui va bien faire rire John Bull! » — « Vous ferez comme les Autrichiens à Sadowa, nous les avons battus, puis ils furent nos alliés! » — « Paris, kapout! Paris, kapout! » coassent en refrain, tels des grenouilles de marécage, les plus abrutis d'entre eux.

Des civils, surtout le dimanche, viennent faire le tour des grillages, calmes et satisfaits; boys-scouts, lycéens, écoliers des deux sexes défilent en colonnes par quatre, drapeau et musique en tête. A la jumelle, on examine les prisonniers, la grande attraction du pays. Au début, beaucoup d'hommes mobilisables; peu à peu leur nombre diminua, tant et si bien que nous comptions ceux qui passaient dans une journée.

Il ne pleut pas, il bruine sans répit; les cours de chaque compagnie ne sont qu'un lac de boue gluante, où l'on enfonce jusqu'aux chevilles. Combien de temps à patauger dans ce marécage? « Trois mois au plus », disent les uns; « à Noël, nous serons chez nous. » — « Six mois », déclarent les plus pessimistes, avec le désir d'être contredits. — « Cambrai est repris! à la fin du mois, plus de Boches en France. Et les Russes, pensez donc avec quelle vitesse ils marchent sur Berlin! »

Cet espoir berce nos âmes, remonte les courages; nous nous endormons, chaque soir, en songeant à la Patrie, à ceux qui nous y attendent, à la grande joie du retour.

20 octobre.

Ce matin, enfin, nous avons pris possession de nos baraquements, immenses hangars de 6 mètres sur 24, séparés en deux chambrées. Ils sont construits en bois, recouverts extérieurement de papier goudronné, cloisonnés à l'intérieur de planches et de plâtre en torchis. Deux poéles, enfermés dans des niches de briques, servent au chauffage de chaque chambrée. Au début, point de lumière ; en décembre, une lampe à gaz, placée extérieurement, éclairait l'intérieur de la baraque, au travers d'une petite fenêtre vitrée ; le fond restait dans l'ombre ; une ampoule électrique y fut vissée en janvier. L'eau est distribuée par deux robinets dans chaque compagnie ; comme l'électricité et le gaz, elle vient directement de la ville.

Le camp tout entier est placé sous la direction d'un officier supérieur allemand en retraite ou en non-activité. Les huit compagnies sont séparées en deux bataillons, ayant chacune un capitaine à leur tête. Chaque compagnie est commandée par un lieutenant de réserve (qui prend le nom de capitaine de la compagnie), assisté de trois ou quatre feldwebels (adjudants) dont un spécialement chargé du service postal, et d'une dizaine de sous-officiers, sergents ou caporaux (1). Les prisonniers de chaque compagnie, au nombre de 1 200 environ, sont répartis par groupe de deux baraques : *1ʳᵉ zug* — *2ᵉ zug* — *3ᵉ zug* (2) — puis divisés en sections de 20 hommes, commandées par un sous-offi-

---

(1) A remarquer que les caporaux dans l'armée allemande ont le grade de sous-officier et les galons d'or.
(2) Peloton, escouade.

cier, le plus ancien de grade, ou un soldat sachant parler allemand, qui a rang de
sous-officier. Enfin, chaque demi-baraque
est placée sous le commandement d'un chef
de baraque, qui a rang de feldwebel allemand. A tour de rôle, chaque section est
de jour, c'est-à-dire chargée des corvées :
soupe, pain, charbon, travaux de voirie à
exécuter.

Tel est l'effroyable rouage qui, jour par
jour, s'organise pour nous enlacer toujours
davantage dans son mécanisme compliqué,
jusqu'au moment où, comme des forçats,
nous fûmes marqués d'un numéro apparent
au képi.

Les ouvriers qui parachèvent nos baraquements sont assez serviables et apportent
volontiers de la ville tout ce dont nous pouvons avoir besoin, en fait de linge, de provisions ou de menus articles de toilette; j'ai
même pu leur acheter des pommes de terre,
dont le besoin se fait cruellement sentir. A la
cantine, on trouve du pain, en quantité
suffisante, mais d'un goût légèrement acide,
de la saucisse, du chocolat, des confitures,
qui viennent puissamment en aide aux
soupes, ou mieux à l'eau chaude servie trois
fois par jour.

Le matin, vers 7 heures, un Boche, gla-
pissant comme sous le coup d'une violente colère, fait irruption dans la chambrée : « *Kaffee
hole* (1), *Aus, aus* (2), *Weck! Los! Los!* »
Il secoue les dormeurs, et manque s'étran-
gler de ses propres cris. Au demeurant c'est
un brave homme, garde champêtre dans le
civil. Bientôt arrive une énorme marmite
cylindrique de tôle galvanisée, qui contient
une centaine de litres d'un liquide noir et
amer baptisé café, processionnellement portée sur les épaules de quatre hommes. A
9 heures, « *Kaffee hole* », comme il fut surnommé, repasse encore. « *Broot hole* (3) »
que le chef de section traduit aussitôt : « les
hommes pain au *brout* (4) ». A 11 heures et à
5 heures, la soupe, ou mieux une eau grasse
vaguement teintée en blanc ou en brun, où
nagent des détritus de légumes et des parcelles
de viande, est pareillement servie. Tels des
bêtes affamées, les hommes se ruent autour
de la soupière, en poussant des rugissements
sauvages ; un des brancards qui servent à
porter la marmite, poissé par toutes les

(1) Chercher café.
(2) Dehors, dehors.
(3) Pain chercher.
(4) Pain.

mains, et jeté dans la boue, sert incontinent à un vigoureux *touillage* pour mélanger le fond et la surface. Quelle aubaine pour celui dont la section, désignée à tour de rôle, est servie la dernière; il peut espérer quelques détritus de pommes de terre ou de maïs. S'il y a du *rabiot*, les abords de la marmite deviennent le siège d'une bataille furieuse : des chiens de chasse à l'hallali, sur les dépouilles de la bête qui vient d'être servie, ne donnent pas l'image d'une semblable curée. Le soir, parfois, la soupe fait défaut, un peu de jus brun ou noir la remplace, et l'on s'endort, l'estomac tiraillé, l'appétit perpétuellement inassouvi, avec l'obsédante vision d'un gigot jardinière bien chaud, un peu saignant, entouré de montagnes blanches, vertes et rouges de légumes frais.

22 octobre.

Les barrières qui sépareront les compagnies étant inachevées, nous pouvons encore communiquer et quérir les potins des nouveaux arrivants. Un soir arrive d'Amiens tout un détachement de goumiers (Arabes de grandes tentes) au visage biblique, dra-

pés dans des burnous blancs, la tête sur-
montée de gigantesques turbans, ceints de
cordons de poils de chameau. Leur attitude,
pleine de noblesse, et leur stature impo-
sante intimident les Boches eux-mêmes. A
peine entrés dans leur baraque, ils se sont
assis en rond, par petits groupes, les jambes
croisées, comme à l'intérieur d'une mosquée
ou d'un café maure. L'un d'eux tire de sa
poche une bougie qui éclaire les impassibles
visages de bronze; on dirait cette vision du
désert que rapporte Chateaubriand; seule
la tête des chameaux, allongeant parfois
le cou au-dessus des causeurs, manque au
tableau.

Quelques-uns de ces sauvages enfants du
bled sont très jeunes, fils de marabouts ou
de kaïds; ce sont des cavaliers et des chasseurs réputés, habitués à abattre la gazelle
au plein galop de leurs chevaux. Presque
tous ont de superbes profils de médailles
antiques, des traits ciselés dans le métal, le
nez continuant la ligne droite du front, la
lèvre dédaigneuse, le regard plein de feu.
Toujours affamés, ils hurlent comme des
chacals aux batailles de soupe, et deviennent
frénétiques dans la lutte au *rabiot*.

Ce matin, dès l'aube, est débarqué un

convoi de prisonniers russes, qui furent pris 20000 ensemble, au mois d'août, près d'Allenstein. Transportés de camp en camp, empilés 60 dans des wagons de bestiaux, sans même avoir la possibilité de s'asseoir, ces malheureux sont restés six jours sans boire ni manger. Dans l'ombre grise soudain, ils ont envahi la chambrée, affamés et congelés. Les *Germany* leur ont arraché leurs capotes, épaulettes, boutons, galons, les moindres insignes ou numéros de cols et même leurs bottes et leurs vestes, qu'ils ont brûlés sous leurs yeux en un immense auto-dafé. Ils ressemblent à des moutons galeux et pelés. Je reverrai toujours un de ces malheureux, auquel les Allemands n'avaient laissé que son pantalon et sa chemise. On devinait, par transparence, sa chair nue et rose sous la trame élimée de l'étoffe; ses pieds étaient enveloppés de chiffons, une guenille lui couvrait la tête; il restait des heures et des heures, les mains croisées sur sa poitrine, pour essayer d'y retenir un peu de chaleur, frissonnant dans la boue, comme une feuille sous l'humidité glacée, durant ces laborieux et interminables comptages que nous subissions. Un mois s'écoula; je n'ai jamais retrouvé le grand Russe bâve aux yeux hagards et cernés. A un autre, on avait coupé les pans et les manches de sa capote; il ressemblait à ces pies qui ont perdu leur queue dans la bataille.

Les visages harassés, les traits tirés de ces nouveaux compagnons, leurs attitudes même ont perdu jusqu'à l'expression de la souffrance, à moins qu'ils n'en soient au contraire l'image figée. De minces vestons tout humides accusent les dos voûtés, les lignes noueuses des vertèbres, les omoplates en saillie. Ils ne demandent rien, mais nous regardent suppliants, et, si nous leur donnons du pain, ils ôtent leur casquette, se mettent à genoux et nous baisent les mains. Des théories de pauvres diables tremblants de faim et de froid attendent l'aumône à nos portes. Ah! chers amis russes! Je me sentais si souvent gagné par les larmes que parfois je dus fuir l'appel de vos yeux quêtant du pain avec une expression si douce et si résignée.

Avec eux, l'entente fut immédiatement complète dans la même haine du *Germany*. Le soir, quelques-uns erraient encore dépaysés et sans gîte, brebis égarées du troupeau, rongés par le chagrin intérieur, semblant attendre la mort amie. Dans les baraques, leurs camarades chantaient la prière et l'hymne au tsar; leurs admirables voix de basse traversaient les frêles cloisons des hangars et s'égrenaient dans le camp comme un lugubre *Requiem* d'agonisants.

L'an dernier, sur la Volga, je les ai entendus chanter ces tristes mélopées au fond de la cale encombrée de l'*Alexander Mikaïlowitch* tandis que se déployaient les panoramas enchanteurs du fleuve à l'heure recueillie du couchant. Leur accent était plus sauvage, moins abattu.

23 octobre.

Nous écrivons à nos familles, sans grand espoir que ces lettres arrivent jamais ou qu'il nous vienne une réponse. Mais enfin il faut bien essayer. Il paraît même qu'on pourra toucher des mandats.

Par ailleurs les journaux allemands, qu'apportent assez facilement les sentinelles, nous tiennent au courant de la guerre. Ils publient les communiqués français à peu près exactement, nous eûmes plus tard l'occasion de le vérifier.

Cinq cents civils viennent encore d'arriver, ce qui semble indiquer un mouvement de recul de l'ennemi.

Pour la troisième fois nous changeons de baraque; la nouvelle est tout à fait terminée; fantassins, goumiers et turcos y forment un pittoresque assemblage. Avec l'aide du brave Lazizi, un tirailleur algérien, mon « tampon », je m'organise. L'étoffe pelucheuse de mon uniforme est couverte de la paille et de la poussière des fourgons et des hangars; une gamelle de soupe a inondé mon képi, pendant que deux énormes taches d'huile de ricin ornent mon dos. Impossible, vu l'humidité, de se sécher ni de se brosser. J'ai pu me procurer les plus indispensables accessoires de toilette et un mouchoir, un seul mouchoir, tel l'illustre *Père Bidard*. Avec le temps, d'ailleurs, ces richesses augmentèrent et leur rangement devint un sujet de perpétuelle préoccupation. Beaucoup, par crainte d'être dévalisés, ne circulent qu'avec tout leur avoir, gamelle, couverture, serviette et musette pendues autour du cou! Grâce à quelques mots d'allemand appliqués juste à propos sur la corde sentimentale d'un jeune ouvrier, le joyeux Ernst, il m'apporta une chemise et une paire d'énormes sabots.

Du coup j'ai pu remplacer les deux briques qui me servaient d'oreiller par ma paire de souliers, mais ce matin j'ai trouvé, fortune inespérée, un sac de ciment; je l'ai immédiatement monté en *polochon* à la tête de ma paillasse, ma paillasse! Dire que depuis deux jours je suis l'heureux propriétaire d'une paillasse bourrée de vraie paille, tandis que les autres n'ont que des copeaux de bois. Quelles nuits voluptueuses en perspective à côté de celles passées sur des planches depuis quinze jours. Chaque soir par exemple ce sont des travaux d'hercule pour arriver à se couvrir deux fois complètement avec une seule couverture : les nuits sont déjà si froides.

L'administration allemande, pleine de sollicitude, demande notre argent. Toute somme excédant 10 francs sera portée au compte de l'intéressé, ceci « dans le but d'éviter les vols et les rixes entre nous » ! Cette ordonnance ne m'engage guère : il me reste en tout et pour tout 13 marks 50, et comme je dépense facilement 50 pfennigs par jour en pain et en confitures, le spectre de la faim dresse sa face décharnée à l'aurore du septième jour. En attendant, nous avons réuni une équipe de bridge et les

triks succèdent aux *triks*. Un de nos partenaires, réserviste de la Terre de Feu, s'il vous
plaît, nous raconte son retour mouvementé
à bord du *Lutecia* que poursuivit le *Kaiser
Wilhelm* durant vingt-six heures; les cui-
rassés anglais du Cap-Vert vinrent heureusement mettre un terme à la chasse.

Je suis nommé professeur d'un cours d'allemand qui compte une dizaine d'élèves de
situations sociales assez mélangées. Deux
séminaristes, un curé, un frère des écoles
chrétiennes, un bénédictin (1) sergent, deux
juifs, quelques territoriaux et civils. En huit
jours, les déclinaisons n'ont déjà plus de
secrets pour ces débutants, bientôt plus calés
que leur maître.

27 octobre.

Est-il permis de l'écrire?... Pourtant ce
serait manquer à la vérité... Mais il est des
choses qu'une plume honnête se refuse à
transcrire... Eh bien, ce matin, j'ai trouvé

---

(1) Le Père R..., âgé de vingt-cinq ans, mort à l'hôpital
vers le 15 novembre. Le capitaine N..., son voisin de lit,
auquel il avait confié ses papiers et son argent, le suivit peu
après dans la tombe.

un pou! Durant la nuit des pas multiples
ayant éveillé la sensibilité dorsale de mon
épiderme, j'eus la curiosité de. passer une
revue, et quelle ne fut pas ma stupeur, mêlée
d'une indignation que rien ne saurait rendre,
de découvrir toute une patrouille ennemie
embusquée dans les plus tortueux replis de
ma chemise : imprécations, rugissements.
Lazizi mobilisé se répand en invectives
arabes. De toutes parts on accourt, chacun
se fouille, tout le monde est couvert de vermine! L'arrivée des barbares devant Rome
ne produisit pas plus d'épouvante et inspira
moins de dégoût.

                              28 octobre.

Un ami s'en va, l'abbé R... dont j'ai parlé
plus haut. Tous les prêtres sont évacués vers
un autre camp. Je regrette le cœur d'apôtre
de celui-ci; il comprenait les caractères de
ses compagnons d'infortune et poursuivait
avec passion la conquête des âmes. Quelle
aubaine pour lui, pauvre curé d'une paroisse
sans foi, de pouvoir enfin semer le bon grain
dans une terre bien préparée. Il imposait le
respect même aux civils du Nord, mineurs

et fortes têtes pour la plupart. Chaque dimanche il prononçait une courte allocution. Je me sentais attiré vers lui. Hier soir ce furent les adieux. Une chandelle, fichée dans une bouteille, éclairait le coin obscur où son vieux père, seul aujourd'hui, reposait près de lui. L'humidité découlait des murs et des carreaux; à un clou pendaient son étole et son Christ de bois; des bouteilles, un bidon de soldat, des pots de sucre et de sel, un bréviaire rangés sur une planche formaient tout son avoir. Les yeux fixés au ciel, dédaigneux de ces misères terrestres, il récita une dernière fois la prière que tous reprirent en chœur, même ceux qui, allongés déjà, cherchent l'oubli dans le sommeil. Le vieux père pleure de son œil unique, le *Pater* s'étouffe dans ma gorge et, sans ami désormais, dans la nuit froide, je regagnai ma baraque désolée.

A 7 heures, ce matin, ils sont partis. De loin, à travers le grillage, je lui ai fait un signe d'adieu. « Au revoir, m'a-t-il crié, vive ce qui nous est le plus cher au monde! » Et dans cette dernière pensée de la France ils se sont éloignés, une quinzaine peut-être, encadrés de sentinelles, sur la route boueuse sans horizon, sous le ciel éternellement gris.

L'un d'eux, avant de partir, le curé de R... (1), m'a prêté une petite somme d'argent. Voilà le spectre de la faim maté.

30 octobre.

Fête du mouton pour les Musulmans ; depuis vingt-quatre heures, ni jour ni nuit les chants ne s'arrêtent. Hôtes turbulents et braillards, chaque matin à 6 heures ils psalmodient déjà leurs prières sur un ton endormant semblable aux chants des raines croassant par milliers dans les marécages. Mais cette fois ce sont des cris et non plus des oraisons.

Grande bataille sur l'Yser. « Il y a des mitrailleuses jusque dans les arbres », disent les Boches. Le cantinier déclare que Cologne est évacué. Pau serait en Luxembourg avec 300 000 hommes. Anvers repris ; ça va ; dans trois mois, nous serons chez nous.

Jusqu'ici, nos gardiens sont aimables et écoutent poliment nos incessantes réclamations. Mon capitaine m'a fait donner, ainsi

(1) J'ai su depuis que ces deux prêtres avaient été rapatriés ainsi que le père de l'abbé R..., qui fit partie du premier échange de civils en janvier 1915.

qu'à L..., une seconde couverture. Parfois
les sentinelles d'une ronde de nuit nous trou-
vant à jouer au bridge le soir dans une
baraque vide, éclairée par une bougie, nous
prient poliment de sortir et attendent l'arme
au pied la fin du trik. Seule la nourriture
reste insuffisante et détestable. Tout n'est
que contrefaçon des meilleures choses : le
café, du gland ; le beurre, de la graisse végé-
tale ; la paille des paillasses, des copeaux de
bois ; la confiture, de la pulpe de betteraves
« avec couleur et 25 pour 100 de sucre pur »,
est-il écrit sans vergogne sur les pots. L'ou-
trecuidance dans la kamelote, ne serait-ce
pas la devise de l'Allemagne? Aucun travail
de menuiserie n'est « fini » ; les portes ne
joignent pas, les planches jouent ; où est-il, le
tour de main de l'ouvrier français? Ne par-
lons pas de la qualité du linge ou des chaussures achetées en ville.

Les nuits fraîchissent et le froid nous
éveille. Les dernières feuilles des peupliers
sont tombées. Du paysage, de la campagne,
de la ville, proche cependant, nous ne voyons
rien. Le ciel est perpétuellement gris, l'horizon toujours incertain. Sur la terre fangeuse
à peine se détachent les baraques noires ; une
alouette vole tristement dans la brume ; les

fils de fer dégouttent d'humidité ; à des poteaux de clôture, quelques Russes sont attachés en punition de fautes légères, leur tête retombe sur leur poitrine ; des civils errent mélancoliques, une couverture sur la tête en guise de capuchon. Qu'elles sont lugubres, ces journées d'automne au camp !

1er novembre.

Pauvres morts qui dormez dans la fosse commune, au creux des tombes éparses jalonnant le sol de la Patrie, depuis les rivages de la Manche jusqu'aux bords du Rhin, quelles mains pieuses renouvelleront aujourd'hui sur vos chères dépouilles les bouquets que nous déposâmes sur vos fraîches sépultures ? Dormez, la France priera pour vous et de l'exil vos frères captifs ont une pensée pour ceux qui sont tombés glorieusement à leurs côtés, premiers artisans de la victoire. Novembre, mois de ceux qui ne sont plus ; leur souvenir nous rappelle au pays. Des compatriotes bretons se promènent avec moi en ce jour de deuil. Ensemble nous évoquons la douce terre natale, la lande infinie, rose ou dorée selon les saisons de la bruyère ou de l'ajonc, la chanson du vent de mer dans les bois de pins et les blocs de granit épars au hasard des champs. Nous avons parcouru les châtaigneraies, les blés noirs ombragés de pommiers, dévalé les chemins creux, escaladé les grées, prêté l'oreille au fracas de l'Océan se brisant tout là-bas sur les rochers de la côte.

Timides enfants d'un pays de larmes et de misère, la désolation des choses les accable ici et ils gardent au fond des yeux une flamme de désespoir, comme ces signaux d'appel des barques dans la nuit. La terre se perd. « Qui donc fera les labours? » murmurent-ils inquiets. Pauvres agriculteurs, plus dépaysés que d'autres, mais plus philosophes aussi! Dans leur Bretagne, du moins, le sol n'aura pas été coupé de tranchées, hersé par la mitraille, remué par la pelle des fossoyeurs et le soc tranchant des obus. Ce jour est une grande fête dans leur pays. Là-bas, à l'ombre du clocher de granit, l'if pleure aussi sous l'éternelle brume; le glas lugubre tombe sur les dalles usées du petit cimetière où cheminent les longues théories de femmes en coiffes blanches, en lourdes jupes noires.

2 novembre.

Près de 200 highlanders cernés aux environs de Lille débarquent ce matin. Comme aux Russes tout leur a été arraché : manteaux, calots, insignes, équipements, argent et jusqu'aux petites culottes qu'ils portent sous la jupe. L'entrée de ces hommes en robe a mis les Arabes en révolution. Turcos et goumiers font la haie. Les tailles massives et les croupes rebondies sous le jupon sont du plus amusant effet.

Nos gardes ont arboré aujourd'hui des fusils et baïonnettes Lebel. A côté du mastoc mauser allemand recouvert de bois, à la hausse surélevée en pont de chemin de fer, à la baïonnette courte et large, le petit lebel, surmonté de son aiguille, semble un symbole plus saisissant de finesse et de légèreté françaises. Nos vieux grognards étouffent une larme et ronchonnent quand les *Landsturm* épais, ignorant la manœuvre de notre fusil, le secouent pour en faire tomber les cartouches, montent la bretelle à l'envers, enfilent la baïonnette comme une broche à leur ceinturon, *Gott mit uns.*

Un certain snobisme règne maintenant au camp. Des coiffeurs, sortis d'un peu partout, ont pu se procurer tondeuses, ciseaux, rasoirs et même lotions parfumées. Les chéchias se redressent, les turcos plissent leurs pantalons bouffants et bombent leur poitrine sous la ceinture écarlate, les goumiers déambulent dans la cour tout de blanc vêtus et en bottes rouges, à l'émerveillement des badauds. Il n'est pas jusqu'au plus modeste *biffin* qui n'ait donné un petit coup de « bahuté » supplémentaire à son képi, histoire de passer le temps.

Et le soir, las de psalmodier des invocations à Allah, le chœur fanatique des Musulmans reprend en scie une funèbre mélopée : « Dani, dani, dani, dan ! » qui n'a ni commencement ni fin.

7 novembre.

Si paradoxale que l'idée puisse paraître au premier abord dans une vie inoccupée comme la nôtre, un bon règlement s'impose, qui force à travailler et coupe le temps; mais la difficulté est justement d'arriver à l'observer. Entre mon « cours d'allemand », quelques livres, de menus ouvrages de filet ou de broderie, la lecture et traduction des journaux, les parties de cartes, l'exercice à prendre, les visites aux camarades des autres compagnies, les heures finissent par passer. La discipline du sport a dressé les volontés et assoupli l'organisme de beaucoup d'entre nous. Elle leur permet d'avaler sans trop de dégoût les soupes à l'orge et à l'avoine qu'adoptent parfois les régimes d'entraînement, de coucher sur la dure, de supporter gaiement la privation d'alcool et surtout de tabac; bref elle leur a inculqué une méthode de vie dont ils sont à même d'apprécier chaque jour davantage la bienfaisante utilité.

L'aspect du camp devient de plus en plus pittoresque. Des marchands ambulants ont installé leurs étalages en plein air et offrent pour quelques pfennigs des tartines de pain et de confiture, des tranches de saucisse, de la limonade, du tabac et des cigares. D'autres circulent à l'intérieur des baraques, organisant des loteries dont un boudin ou une pipe forment le principal lot. Des brocanteurs de montres, de souliers ou de guêtres écoulent leurs articles en tombolas, tandis que circulent d'innombrables colporteurs de bonnes ou de mauvaises nouvelles constamment au

courant « du dernier tuyau » : bombardement de Strasbourg, invasion du Japon par
une escadrille de zeppelins, etc. Au dehors
les joueurs de barres ou de ballon se donnent
rendez-vous, tandis que les blanchisseurs
lavent et font sécher leur linge tout le long
des fils de fer. Le boulevard qui réunit les
compagnies, baptisé « la rue du Caire », est
devenu le siège d'un immense bazar russe.
Mourant de faim et dénués de toutes ressources, ces malheureux vendraient leur peau
en lanières s'ils le pouvaient; sacs, bidons,
marmites de cuivre, ceinturons et plaques,
bottes, capotes, casquettes, boutons d'uniforme, tout est à acheter, jusqu'à leurs
icones, leurs médailles de campagne, leurs
plaques d'identité. Les amateurs vont et
viennent, prennent un homme, le tournent,
le retournent, le palpent, le déshabillent,
fouillent les moindres coins, coupent ici,
rognent là, arrachent ailleurs, tout cela pour
un nombre de pfennigs ou de marks qui ne
va pas sans de grands débats. Des cours
moyens s'établissent pour les principaux
objets tels que les boutons, les sacs, les marmites. Cela se passe en plein air dans une
indescriptible Babel d'allemand, d'anglais,
de belge, d'arabe, de français et de russe.

Les Anglais, inséparables au début de leurs équipements, crevaient la faim avec dignité, en gentlemen; mais bientôt, lassés d'un état qui allait en s'empirant, musettes, bidons, vestes, capotes, jupes, bas écossais vinrent grossir les collections des amateurs. Avec le temps, le mélange des uniformes, des coiffures, des boutons aurait déconcerté le regard qui n'y eût pas été progressivement habitué. Il n'est pas rare de rencontrer un fantassin portant sous sa capote bleue une veste anglaise et un pantalon russe; puis vint la mode des calots découpés dans de vieux uniformes, ornés de broderies, d'insignes, d'applications multicolores, de boutons, affectant des formes de tiares du plus singulier effet.

Dans les baraques, les petits métiers vont leur train; d'instinct, chaque ouvrier a repris sa profession; sculpteurs sur bois, graveurs sur cuivre et aluminium, fabricants de couteaux, de galoches, de chaussons, de hochets, de jeux d'enfants, d'objets de tous genres découpés dans le fer-blanc des vieilles boîtes de harengs, s'en donnent à cœur joie et rivalisent d'ingéniosité; les Russes sont passés maîtres à ces travaux.

8 novembre.

Mon tampon a le cafard, son état d'âme
m'inquiète : « A quoi penses-tu, mon pauvre
Lazizi? » — « Toi, ti parles aux autres, moi
pas parlir aux Arabes, mi dégoûté, tous cra-
pules, li tous affaires d'argent ! » — Il hoche
la tête d'un air indigné en tirant quelques
bouffées d'une pipe neuve que « chef » lui a
donnée (son sergent-major). — « Moi, *bon
capable*, toi ti connais pas moi, y fais de la
misère ici, Arabes pas bons garçons ». Que
faire? ce malheureux fuit ses congénères et
se drape dans sa dignité. Alors je lui paie
une deuxième pipe.

Chacun de nos intérieurs a pris maintenant
une physionomie particulière. En entrant
chez les goumiers, pompeusement nommés
« caïds », il semble qu'on pénètre à l'intérieur d'une mosquée; les paillasses ont été
serrées les unes contre les autres formant tapis ; ces messieurs, leurs babouches retirées,
s'asseoient les jambes croisées en tailleurs,
fumant d'innombrables cigares, égrenant des
chapelets d'ambre doré. D'autres, drapés du
hiératique burnous, le capuchon rabattu sur

le visage, s'adossent au mur ou dans quelque
coin, mornes et résignés. Du reste ils sont
riches et ne manquent de rien. Grâce à leur
atavique instinct de pacha et de paresse na-
tive, ils ont aussitôt compris le parti qu'ils
pourraient tirer du Russe famélique, et une
douzaine de ces pauvres diables sont constamment occupés à leur chauffer de l'eau
pour le café, à blanchir leurs *gandourahs*, à
laver leurs bottes, astiquer leurs gamelles ou
balayer le plancher dès qu'ils laissent tomber
d'un geste las le bout d'une cigarette. En
payement, les « caïds » distribuent un vague
rabiot de soupe ou de pain et sortent s'asseoir en rond au beau milieu de la cour si le
temps le permet ; ils se croient, dirait-on, sous
le brillant soleil d'Afrique.

Le Belge est froid, méthodique et vit renfermé chez lui, peu liant par ailleurs et très
occupé de sa personne ; il prend soin de son
uniforme qui s'use lentement sous la brosse.
Leurs discussions politiques et religieuses
continuent même dans le camp.

Avec les premiers Anglais, débris des régiments d'active d'avant la guerre, nous ne
fraternisons pas. Ils sont brutes et peu camarades.

La plus grande misère règne chez les

Russes, mais surtout la plus effroyable pouil-
lerie. Il se dégage de chez eux une repous-
sante odeur ; ces infortunés vivent dans le
plus complet dénûment et passent leurs journées assis ou couchés, dévorés par la vermine.

Les baraques des civils offrent un aspect
presque aussi sordide : vêtements élimés, ra-
piécés et sales ; hommes à face terreuse, désordre chaotique.

Chez les biffins, au contraire, l'habitude de
la discipline militaire se reconnaît à la disposition des paquetages, à l'ordonnancement
des paillasses et des couvertures, à l'asti-
quage des gamelles et jusqu'à l'accrochage
des musettes et des bidons. Ils se sont installés là comme à la caserne, fabriquant aussitôt tables et bancs, coffres à serrure, étagères, bibelots, jeux divers. Les uniformes
donnent une gaieté et une unité de ton inconnue ailleurs. Beaucoup se retrouvent avec
leurs sous-officiers et quelques restes de discipline sont encore d'usage.

Au point de vue profession, il est difficile
de rencontrer une aussi incroyable diversité :
artistes de toutes sortes, auteurs dramati-
ques, ténors d'opéras ou chanteurs de guin-
guettes, maîtres de danse, avocats, notaires,
instituteurs, professeurs d'Université, ingé-

nieurs, attachés de consulat, secrétaires de députés, camelots, « bonisseurs » de foire se mélangent aux simples paysans et aux représentants de tous les corps de métier, jusqu'à un conducteur de diligence qui, depuis le temps qu'il parcourt le monde, ne peut admettre que la terre soit ronde : « Ça se saurait, monsieur, ça se saurait. »

A côté de ces naïvetés qui provoquent le sourire, quels terrifiants récits de campagne nous furent contés durant des mois par ces milliers de soldats réunis de tous les coins de l'Europe et de l'Afrique en une gigantesque Babel. Ce que je ne comprenais pas me fut traduit, et durant ces longues veillées d'hiver qui commençaient à 4 heures, les souvenirs s'égrenaient interminablement sur les centaines et les centaines de kilomètres des lignes de feu à l'Est et à l'Ouest. Les Russes exaltaient leur foudroyante avance en Prusse orientale ; les Belges disaient les femmes dévêtues entassées dans les églises avec leurs enfants et fusillées sans pitié ; les soldats allemands s'entr'égorgeant dans l'ombre des celliers puis massacrant les civils ; les artilleurs du roi Albert sommés de tourner leurs pièces contre leurs propres frères abattus à coups de hache par des ennemis complètement rasés, arrachés aux bagnes de Prusse.

Les nôtres racontaient l'effroi des attaques de nuit, la chute ininterrompue du fer meurtrier, la terre creusée en entonnoirs assez vastes pour contenir une maison sous la chute des obus de 420 tombant à Maubeuge; le cri déchirant de « maman, maman » poussé par les blessés râlant dans le désert nocturne des champs de bataille. Ils évoquaient les morts auxquels ils joignaient les mains pour une dernière prière, un acte de contrition que personne ne savait plus, les hommes « éclatés » par les obus qui leur arrivaient en plein corps, les cadavres retrouvés à genoux devant une photographie de femme ou d'enfant, parfois enlacés deux par deux comme des frères jusque dans la mort. Ils ont vu les cadavres empilés dans des fourgons dégouttant de sang et expédiés en arrière pour être calcinés; les blessés achevés, les soldats désarmés auxquels on fendait le crâne d'un coup de crosse, les officiers frappés à mort tenant d'une main leur visage sectionné ou leurs entrailles éparses pour commander encore : « En avant! » Toute la retraite de Belgique, les jours et les nuits de marche sans repos, sans nourriture, des régiments entiers me l'ont contée. Combien de

graphiques de bataille, de projets d'offensive,
de remaniement de la carte d'Europe ne fai-
sions-nous pas le soir sous la chandelle, penchés tous au-dessus d'un modeste Foncin retrouvé au fond de sa musette par un brave
territorial !

9 novembre.

Notre capitaine de compagnie répondit ce
matin à une réclamation par ces paroles lapi-
daires : « Ne vous tourmentez pas ; tout sera
fini bientôt, la France va s'allier maintenant
à l'Allemagne pour combattre l'Angleterre. »
Ce rêve les hante.

Toujours pas de lumière. L'usage des bougies est interdit, ce qui ne gêne personne,
seulement quand une patrouille est signalée,
joueurs, tapis, cartes, falot, tout disparaît ;
chacun fait le mort et ronfle bruyamment en
attendant que le danger soit passé.

Pas de nouvelles des Russes : ils avancent.

Coupé dans le *Leipziger* cette perle de
fin d'article par un reporter qui a visité le
camp ; je respecte la traduction littérale afin
de ne rien lui retirer de sa saveur : « Quand
on a vu ces prisonniers français peu gracieux,

surtout les prisonniers civils, on ne peut plus accorder d'attention à ceux qui se hasarderaient à nous parler encore aujourd'hui de la chevalerie française et de ces flambeaux de la civilisation (kulturträger). Un regard à ces airs retenus, dans beaucoup desquels il y a des traits de criminels, et en rapprochant en outre la narration d'un combattant allemand sur la manière rusée de combattre de ces flambeaux de la civilisation, on est vite en état de se guérir de l'opinion faite en lisant les livres ou bue (aufgechnapten) dans un « five o'clock tea » sur cet oncle de la civilisation. »

11 novembre.

L'arrivée de la soupe précédée de mille cris, signalée de loin par des estafettes qui la guettent et l'annoncent de proche en en proche, est en somme le grand événement de la journée. « La soupe! La soupe! » Tout le monde se lève et s'agite, les dormeurs s'étirent, les joueurs ramassent cartes et dames, chacun tambourine sur sa gamelle en attendant la colle de farine ou l'eau grasse lente à venir. « A quand la dernière? Vivement la fuite! » répètent les hommes matin et soir. Quel festin pantagruélique au retour, arrosé de tous les crus de France! Déjà beaucoup ont réglé l'ordonnance de leur dîner d'arrivée. Ils n'ont plus qu'à se mettre à table.

Lazizi m'a monté une petite étagère et en a orné les planchettes de feuilles de journaux découpées en dents de scie sur lesquelles il a aussitôt rangé mon unique chemise et mon seul mouchoir soigneusement blanchis et repassés avec un « quart » en guise de fer. Il ne manque qu'un peu de racine d'iris pour le bouquet.

13 novembre.

Un taube est passé sur le camp ce matin à l'heure de l'appel quotidien : toute la compagnie était là rangée, section par section, sous l'œil du capitaine, entouré de ses sous-officiers, lorsque fut signalé le ronflement de l'oiseau. « Rouski, Rouski, » criaient déjà les Russes. Hélas! ce n'est qu'un boche, mais quels souvenirs sa vue n'a-t-elle pas réveillés? Durant les nuits trop longues nous révisons souvent, L... et moi, les heures glorieuses puis tragiques du passé. « Ne crois-tu

12

pas que le roulement à bille de l'hélice s'est brisé? — Mais non, le moteur grippait, un tuyau d'eau aura sauté ! » Et les plus invraisemblables hypothèses sur ce qui est arrivé et sur ce qu'on aurait pu tenter encore sont inlassablement discutées.

Dans le silence des ténèbres, on entend tout à coup la cloche d'un train qui passe : Ding ! ding ! Ah ! cette cloche fatidique qui chaque nuit nous éveille, les prisonniers du camp de Mersebourg s'en souviendront par delà le tombeau.

15 novembre.

Chambardement général du camp. Toutes les compagnies, toutes les sections sont mêlées et remêlées ; Français, Anglais, Russes, Arabes, Belges, qui formaient jusqu'ici des groupes distincts réunis dans des baraquements spéciaux, sont mis en une gigantesque salade. Nos premiers compagnons de captivité nous quittent ; Lazizi s'en va, les biffins déménagent, emportant paillasses, tables, bancs, ballots informes. Me voilà échoué au milieu d'un groupe de sous-officiers d'active, jeunes et gentils ; mais plus d'étagères, plus de place pour rien.

Qu'importe? J'ai reçu les premières lettres des miens. Un moment ils m'ont cru mort et récitaient déjà les prières des trépassés. Comme on les lit et les relit, ces premières lettres; la vue seule du cachet de poste français, du papier connu sur lequel s'est posée la main des êtres qui nous sont chers éveillent dans le cœur un monde de sensations. Il vient de là-bas, cet humble feuillet, de la douce France dont nous sommes si loin!

Souvent mon rêve m'emporte vers la Patrie, franchissant d'un bond grillages et sentinelles, plaines sans horizon, Rhin aux flots d'or, champs où nous combattions voici deux mois bientôt. La porte s'ouvre : voici ma chambre et tout un passé joyeux épars en photographies, en dessins, en souvenirs, pendus au mur. Les livres chers, mêlés au hasard, dorment sur leur rayon : Baratier en Afrique : « Vivre c'est agir! » « Être jeune c'est être sans cesse dans l'attente d'un lendemain inconnu plein de promesses. » *Poil de carotte* me sourit dans sa rouge tignasse. Voici *Salammbô;* la fin horrible des mercenaires prisonniers dans le défilé de la Hache côtoie *les Soirées de Saint-Pétersbourg*. « La guerre est divine, elle doit régner éternellement pour purger le monde. La terre est un autel qui doit être toujours imbibé de sang. » Puis *Thaïs*, *Pêcheurs d'Islande*, les *Contes de Bonne Perrette* décrivant si bien « la douceur angevine ». Sous la lampe en bas, au coin du feu qui pétille, mon père est assis. A la terre qui fume sous ses lourdes chaussures je sais les champs qu'il a battus, le gibier qu'il a poursuivi. Près de lui sa vieille chienne se chauffe, les yeux mi-clos, satisfaite et immobile...

Soudain tout s'évanouit. Dehors la pluie tombe, le brouillard ramené par le vent roule ses épaisses volutes sur la campagne germaine. C'était donc un songe? Pourtant la vision fut si nette. Prisonnier, toujours prisonnier! Derrière moi, superbe dans sa morne attitude, un goumier regarde comme si, de ses yeux éblouis encore du soleil d'Afrique, il essayait de percer le linceul de brumes.

« Nessun maggior dolore,
« Che ricordarsi del tempo felice,
« Nelle miserie.
« Il n'est pas de pire douleur que de se rappeler les temps heureux au milieu des souffrances. »

16 novembre.

De nouveaux Russes, capturés il y a un mois, déclarent qu'ils étaient à 40 kilomètres de Berlin. — Mais, alors, c'est le salut. — « Allemands, grandes tranchées, grandes tranchées! Haut! haut! Fleuve. » — Oder? questionnons-nous avidement. — « Fleuve rouge sang (pour la couleur, ils montrent leur col) trois grandes villes... (geste de la main indiquant qu'elles sont rasées). — « Quatre jours combat grandes tranchées, grandes tranchées. » — Est-ce l'Oder derrière lequel les Boches se seraient fortifiés? Nous dessinons des cartes, multipliant les villes, fleuves, frontières; « grandes tranchées, grandes tranchées », c'est tout ce que nous pûmes tirer de positif de ces braves Rouskis, mais ils nous ont mis un peu d'espoir au cœur.

Les Russes ont l'habitude de faire leur prière en commun le soir venu dans la chambrée. Tout le monde écoute en silence. Nous autres Français n'osons suivre ce bel exemple.

17 novembre.

La mine grave et recueillie de mon nouveau « tampon » m'ayant frappé, je hasardai une timide question sur sa famille et sa profession : « Gardien de cimetière », me répondit-il. Puissent ses morts être mieux surveillés que mes paquets de margarine, qui disparaissaient bien vite du temps de ses soins empressés.

Les nouvelles de France commencent à arriver : « Marianne va bien. — Ma grand'-mère a encore bien mal à la tête, mais se porte de mieux en mieux. » — Quantité d'entre nous qui n'avaient aucun parent dans les affaires furent étonnés, mais parfaitement heureux, d'apprendre « que le commerce de leur oncle ou de leur cousin était aussi prospère que possible ». Bientôt la Kommandantur éventa toutes les mèches et il fallut des ruses d'apache pour parler de la guerre. Tout le monde s'essaye à me donner des nouvelles, jusqu'à ma pauvre bonne Allemande, devenue Française par son mariage, qui m'écrit des encouragements. Depuis trente-cinq ans qu'elle est dans la maison, elle nous a tous vus naître, grandir... ou mourir. Aussi loin que se reportent mes souvenirs, je revois le visage de « bonne Mina » penchée sur mon berceau; sa main diligente guidait mes premiers pas; mes boucles blondes s'enroulaient sur son doigt tendu; j'entends les vieux « Maerchen » allemands qu'elle me contait le soir au coin du feu. Comme il était de tradition dans les familles obstinées à l'idée de la revanche, nous apprîmes l'allemand avant le français. Hélas! j'étais rebelle et bientôt, sous ma direction, Mina s'exprima beaucoup plus correctement dans ma langue que je ne bégayai jamais la sienne. « Vous êtes trop paresseux, me disait-elle, vous ne serez jamais officier. » Ce fut vrai, c'est comme simple soldat que j'ai fait campagne contre le pays de cette femme qui m'a élevé et ne m'a jamais quitté. Notre caporal allemand lui ressemble; je l'ai surnommé Mina en souvenir; il a lu sa carte et a souri.

22 novembre.

La Sainte-Cécile nous a valu deux concerts : l'un l'après-midi, l'autre le soir.

Des programmes calligraphiés à la main annoncent la séance et les entr'actes, durant lesquels on tire une tombola; le gros lot « ne varietur » est un saucisson ou un pain. Un orchestre arabe tape sur des boîtes vides de « roll mops » ou de « brat harings » et mène un infernal tapage, tandis que l'un d'eux, serré dans la jupe d'un Écossais, la poitrine fortement ballonnée, mime avec gravité la plus effrénée des danses du ventre. Des ventriloques, jongleurs, comédiens, boxeurs, baladins de toute nature s'offrent d'ailleurs en foule pour participer à ces divertissements. Anglais et Russes forment des chœurs et reprennent leurs chants nationaux, gigues endiablées ou plaintives mélopées de la steppe. A la nuit, profitant de l'absence des Boches, les chants patriotiques montent et grandissent, repris bientôt par des centaines de voix; la *Marseillaise* roule ses premières notes triomphantes sur la tête découverte des assistants; un soldat brandit un drapeau tricolore devant lequel chacun s'incline. Une sorte d'émotion sacrée jusqu'alors inconnue nous pénètre et remue nos fibres patriotiques les plus profondes. Misère sordide de la baraque, dénûment de ce cadre d'exil, comme vous êtes oubliés! Il semble que ce chant, qui fut hélas à l'origine celui des échafauds de la Révolution, soit devenu un *credo* religieux que les plus incroyants ne peuvent écouter sans attendrissement. « Sambre-et-Meuse », « Au drapeau », « Le rêve passe », vous resterez à jamais associés dans mes souvenirs à ces soirées du camp de prisonniers, à l'horrible cauchemar de là-bas.

Mais de toutes les chansons c'est la romance sentimentale qui obtient le plus vif succès. Qu'elle s'appelle « Myrella la blonde », « Mina l'infidèle », « Gaby », « Marinette », c'est aux femmes de chez nous qu'elles nous font soudain songer, éveillant le désir mélancolique d'une douce parole ou d'une caresse impossible. Elles nous reportent vers vous, épouses à la silhouette lumineuse détachée sur le sombre horizon du départ, fiancées en larmes mais courageuses qui tendiez vos lèvres dans un dernier baiser d'adieu, vers vous aussi, ombres charmantes et fugitives rapidement entrevues sur les grandes routes de la vie où nos yeux se sont croisés. Ainsi, femmes et jeunes filles de France, vous restez l'objet constant de nos rêves; invisibles et toujours présentes, vous êtes mêlées à notre vie, votre souvenir nous hante sans que nous osions souvent l'évoquer. Pauvres naufragés au sein de la tempête, c'est vers vous que nos regards se lèvent.

23 novembre.

La guerre sainte étant déclarée à la Russie et à ses alliés par le cheik Ul-Islam, on a réuni tous les Mahométans du camp et « un civil » venu de Berlin, entouré de généraux et d'officiers supérieurs, leur tint à peu près ce langage : « Venez combattre avec nous et avec la Turquie et nous vous promettons liberté, honneurs et richesses ». Mais, répondirent les chefs arabes, « Monsieur parle fort bien l'égyptien qui est la langue des lettrés, mais pas du tout celle que nos hommes comprennent; ayez donc la bonté de vous exprimer en français; tout le monde vous entendra. » « D'ailleurs, ont-ils noblement ajouté, nous sommes Français avant tout. » Stupeur et déconfiture du « civil » de Berlin, tête des généraux. On essaie sans plus de succès d'un semblable boniment près des Irlandais pour les détacher de l'Angleterre. Décidément l'encerclement des alliés trouble la raison de nos infortunés Boches.

30 novembre.

Petit exemple de mauvaise foi germanique :
les brassards rouges que les *civilistes* sont
forcés de porter à leur manche sont de soi-
disant insignes de francs-tireurs. Quand un
journal allemand annonce leur capture, il
ne manque jamais de dire : « Pris les armes
à la main. » — Un maréchal des logis **est**
attaché au poteau pour avoir secoué contre
le grillage ses souliers pleins de boue ; motif :
« Manque de respect envers l'Empereur. »
Certains d'entre nous avaient obtenu l'autorisation de faire des conférences historiques
ou géographiques. Les Allemands les con-
damnèrent à la prison à l'occasion de ces
séances publiques permises par eux et pré-
sidées par un de leurs sous-officiers. Des
mouchards tiennent la Kommandantur au
courant des moindres mouvements d'esprit
du camp, et sur le plus vague soupçon on
perquisitionne chez l'inculpé.

La discipline se resserre, il est difficile
de circuler de compagnie à compagnie ; des
chiens de police — type chien de berger
allemand si répandu en France — font des

rondes avec les sentinelles, qui deviennent elles-mêmes hargneuses. Ça doit mal aller « pour eux », pensons-nous à chaque nouvelle taquinerie.

Du journal de ce matin : « Angleterre, tremble, il y a quelques corps d'armée dont on a perdu toute trace. Vous allez voir, ma Vieille Dame, que la peur n'évite pas le danger ; les corps d'armée sont cachés dans une trappe ; quand vous y penserez le moins, ils déposeront leur carte chez John Bull. » La bêtise boche peut à la rigueur donner idée de l'infini ! !

Les colis commencent à arriver ; du linge qui fleure bon les vieilles armoires familiales, car la Kommandantur s'empare de toutes les « delicatessen », sardines, tabac, chocolat, confitures. Beaucoup ne reçoivent que l'enveloppe de leurs colis et s'en reviennent le cœur bouillonnant de colère. Cet état durera jusqu'en mars. Ma famille ne semble pas m'attendre avant cette date. Cinq mois encore ! Pourtant leurs journaux discutent pour la première fois les conditions de la paix : indemnité de 25 milliards, reddition de la flotte, des colonies et de l'Alsace, limitation de la puissance militaire. Nul doute qu'ils ne se sentent perdus.

1er décembre.

Est-ce le mois de la « fuite », de la « classe »,
comme disent les hommes? Les Anglais demeurent persuadés de manger leur « turkey »
de Christmas « at home ». Nous avons formé
une petite société, *les Affamés du camp de
Mersebourg*, qui tient dans ma baraque
ses assemblées hebdomadaires. On jabote,
on se retrouve; parfois l'un de nous lit une
conférence ou un morceau de poésie. Des
paris sont ouverts et la moyenne de la date
du retour est tombée le 20 janvier. Six semaines encore! Le plus pessimiste a choisi
le 1er mars au milieu d'indescriptibles huées.
Chaque matin des dormeurs encore mal
éveillés hurlent de leur grabat ainsi qu'au
régiment : « 54 demain matin! A vos numéros! » — Un seul a eu l'audace de
compter 90. Ses camarades ont manqué de
l'étouffer.

Ce retour! comme on en parle! Petit à
petit il est devenu le point où convergent
toutes les conversations, toutes les pensées :
le soir en jouant aux cartes ou devisant dans
la pénombre de la baraque tandis que les

autres reposent ; la nuit quand, ne pouvant
dormir, notre œil suit dans le ciel limpide la
course d'Orion, « le beau pasteur d'étoiles » .
Oh ! boire la terre de France par tous les
pores, par tous les yeux, la tenir serrée et
embrassée ; posséder le don d'ubiquité, tout
revoir en un instant ; écouter la chanson des
ruisseaux et la plainte du vent dans les forêts ;
dévaler de la montagne à la plaine, tout à
la volupté sauvage de se sentir libre, de pouvoir aller à sa guise sur la terre familière, de
revoir les visages aimés, d'entendre le langage national enfin retrouvé. Quel jour d'al-
légresse que celui où nous nous formerons
en colonnes par quatre pour un dernier
appel, une dernière revue du matériel à
rendre ! Nous ne pouvons imaginer cet instant sans trembler de joie, sans verser des
larmes, sans entrevoir en pensée le passage
de la frontière, les premiers Français aperçus. Peu à peu nos souvenirs perdent de leur
acuité, les détails si nets, si vivants du passé
qui défilaient devant nos yeux jour par jour,
heure par heure, depuis la lointaine enfance,
nous abandonnent. Nous glissons sur le présent et ne vivons réellement que dans l'avenir. Cet avenir, quel sera-t-il ? Tout de gloire :
nous serons la génération de la Revanche

que nos frères préparent. Pauvres Boches, ils peuvent annoncer des révolutions en France et des centaines de mille de Russes prisonniers, jamais ils n'ébranleront notre aveugle confiance en la victoire.

Pourtant l'ennui et la souffrance altèrent le caractère des hommes. Ils deviennent nerveux et irritables, quelques-uns s'effondrent dans la plus profonde apathie. Le contact quotidien suscite des rivalités, crée des frottements, creuse des abîmes, pousse aux haines farouches que les différences de milieu social, de caractères, d'éducation viennent encore envenimer. Qui donc résisterait indéfiniment à une claustration aussi complète, à une nourriture si insuffisante? Il faut une force exceptionnelle pour accepter la souffrance sans gloire ni utilité directe, où l'attrait du danger et de la lutte n'ajoute plus rien.

5 décembre.

Avec cinq camarades, chefs de section, et le chef de la baraque nous occupons maintenant une chambrette de trois mètres sur quatre, fermée de simples cloisons de planches, construite pour les gradés et située

près de l'entrée de la baraque. Ce petit intérieur a bientôt pris un aspect spécial selon le
genre des occupants, qui le décorent de dessins, de frises au pochoir, de cartes postales,
de photos, de gravures découpées, voire
même de caricatures au crayon. Peu à peu
tout s'organise. On nous a donné des tables
et des bancs : pour la première fois il devient
possible de manger autrement que vautré sur
sa paillasse, la gamelle entre les genoux.
Un menuisier m'a monté une petite étagère
à tiroir, une table de bridge et ses deux
sièges : « Abundat divitiis » (il regorge de
biens), disait le Père Lhomond, de douce
mémoire.

Russes, Anglais, Belges, Français sont
maintenant, par ordre, scientifiquement
mêlés, non seulement dans chaque baraque
où ils occupaient un coin désigné mais dans
chaque compagnie, de façon que le couchage
« type » se fasse par tranches juxtaposées des
quatre peuples alliés. Grand mélange de
poux de toutes les nations. Le russe est particulièrement redoutable et prolifique, mais
la lutte s'organise sans merci et par une
stricte séparation des sexes nous parvînmes
au bout de longs mois à vaincre le terrible
ennemi ! ! !

Les Allemands tassent leurs prisonniers cent trente par baraque sous prétexte de laisser de la place aux futurs arrivants; nous sommes si serrés que les hommes couchent sur les tables.

Le « Rouski », à notre contact, se civilise rapidement. En peu de semaines il devient « persona grata », l'homme universel du camp sans lequel rien ne serait possible. Tous ensemble ils vivaient dans la crasse; mélangés à leurs camarades étrangers, ils prennent de saines habitudes de propreté et d'hygiène; leur prodigieuse facilité d'assimilation les a bientôt mis en tête du progrès. Désire-t-on du tabac en fraude? S'agit-il de cuisine? de préparer un breuvage? de chauffer du hareng cru ou de cuire des pommes de terre? d'une course à faire à travers les grillages, sous le nez des Boches, dans la plus lointaine compagnie? Vite un « Rouski ». Prodigieusement adroits de leurs mains, ils savent travailler le bois, ce fameux « bois de l'Empereur » dont on fait ici une telle consommation. Ils forgent le fer à froid, gravent le métal, créent de toutes pièces, avec des bouts de fil de fer et des boîtes de harengs conservés, un orchestre de mandolines et de guitares, le « Roll mops club » qui fit notre admiration. Ils apprennent facilement le français et beaucoup d'entre eux viendront chez nous après la guerre resserrer une confraternité que le contact des prisons n'aura fait que développer davantage au grand désappointement des professeurs de la « Kultur germanique ».

10 décembre.

La vente du chocolat, du beurre et des confitures fines est interdite à partir de ce jour. A la moindre faute, par exemple une bousculade au moment de l'achat du tabac, la cantine reste fermée durant deux ou trois jours par mesure de répression. Les sentinelles ont reçu également la défense formelle de nous apporter de ville la moindre victuaille. En revanche, quantité de marchands ambulants ont monté des commerces de thé, cacao, lait ou bouillon Maggi qu'ils font chauffer sur le poêle dans les brocs qui servent à notre toilette. Ils écoulent leur boisson à 5 ou 10 pfennigs le « quart » (une boîte à lait condensé vidée et sertie en gobelet). Un cafetier eut l'ingénieuse idée de monter un comptoir : *Aux poilus alliés*, qui fit rapidement fortune. Il n'y manquait qu'un zanzibar, un billard ou un jeu de roulettes. Des vendeurs de cigarettes « bien roulées, bien faites », de cigares même, crient leurs marchandises qu'ils étalent dans un petit plateau suspendu au cou : « Tabac, allumettes. » La grosse difficulté est de se procurer du papier à cigarettes ; on sait que les Allemands les achètent toutes faites, aussi ne cachent-ils pas leur émerveillement de nous voir rouler prestement une « sibiche ». Il n'y a pas jusqu'au vendeur de limonade, la seule boisson autorisée, qui ne propose d'un ton traînant « lamonade » à 10 pfennigs la bouteille, à travers toutes les chambrées, ainsi que les marchands de « saurais » (harengs saurs) (1).

14 décembre.

Six prêtres, faits prisonniers dans le Nord en même temps que l'ambulance qu'ils desservaient comme infirmiers, viennent d'arriver. Pour la première fois enfin nous avons eu la messe, malheureusement à l'heure de

(1) Le hareng cru, le hareng saur, le brat haring, le roll mops, ou filet de hareng, furent notre grande nourriture et leurs boîtes de fer-blanc servirent à toutes les constructions métalliques : jeux, coffrets, instruments de musique, etc...

la soupe, de sorte que chez beaucoup la faim l'emporte sur la dévotion. Ils se rattraperont par la suite. Une demi-baraque a été organisée en chapelle, sans grands frais assurément, mais la simplicité, la misère même rendent le cadre plus émouvant. Au fond, la planche à paquetage qui sert à poser le linge, tendue d'une étoffe blanche et chargée de deux chandeliers, forme l'autel : un Christ se détache sur une draperie d'andrinople ; le prêtre officie monté sur une table, dominant ainsi la foule ; à travers l'aube on voit les jambes de son pantalon rouge ; ainsi aux pensées d'espérance et de paix fraternelle qu'inspire la prière reste intimement mêlé le souvenir de la guerre. Pour toute marche un banc sur lequel se tient l'enfant de chœur, un soldat lui aussi. Une caisse d'épicerie abandonnée porte les burettes. Beaucoud qui n'avaient jamais pratiqué sont venus, rappelés soudain vers Dieu par les pensées qu'éveille la souffrance. Nous nous sommes regardés et comptés. Des hommes de nos compagnies, de nos sections nous sont soudain apparus comme des frères. Un Russe à ma droite égrène dévotement son chapelet ; un Écossais à ma gauche suit le *Salve Regina* sur le paroissien d'un guide belge, et nous reprenons tous en chœur le chant liturgique d'une voix qui frémit d'émotion, tant est impressionnante l'unité grandiose de la religion qui groupe ces hommes de tous les coins du monde pour le même *Credo*.

15 décembre.

Les constructions de l'infirmerie sont terminées, elle a enfin ouvert les portes de ses deux grandes baraques et d'un petit « isolir » spécial réservé aux contagieux. Tous ces bâtiments, ainsi que la chaudière à vapeur de désinfection, sont parqués dans un enclos grillagé à l'extrémité du camp. Jusqu'alors les malades étaient entassés dans une demi-baraque dont l'autre moitié servait d'appartement aux aumôniers et aux majors, car dès le début huit majors français, dont un principal, et une quarantaine d'infirmiers, capturés durant la retraite de Belgique, furent envoyés ici. Deux médecins et quelques infirmiers russes et anglais leur sont adjoints.

Chacune de ces nouvelles baraques peut tenir 50 lits, lisez 50 paillasses hissées sur quatre pieds. Elles ne désemplissent pas : les civils particulièrement donnent beaucoup de

travail aux docteurs, puis les blessés pour
lesquels le traitement végétarien et insuffisant de la prison ne facilite guère la reconsti-
tution des tissus endommagés.

Il y a pourtant une légère amélioration :
deux fois par semaine, nous touchons maintenant un hareng salé cru qu'on mange tel
quel ou qu'on fait griller sur les poêles quand
ils sont allumés, et des pommes de terre à
raison d'une gamelle (à peu près un litre)
par homme. Deux fois la semaine également,
petite tranche de saucisse ou mince cervelas
immergé dans un liquide brun et farineux.
Les gourmands (!) dégustent des tartines de
graisse ou mieux de margarine; mes préfé-
rences restent au morceau de pain grignoté
avec quelques morceaux de sucre ou avec de
petits cubes de lard fumé achetés à la cantine quand « surviennent d'atroces gelées qui
inspirent un désir fou de manger de la
viande », selon le mot si vrai de Flaubert
dans la légende de saint Julien l'Hospitalier
que je lis en ce moment. De nouvelles soupes,
à la betterave et au tourteau de lin, cette
dernière très saine, dit-on, mais trop fré-
quente à notre gré, font leur apparition.

Pendant que nous mourons ainsi de faim,
un officier allemand, logé à Lille chez l'un

de nos majors, a la charmante attention de lui écrire « qu'il s'y trouve fort bien traité ! »

19 décembre.

Il neige, j'ai la grippe. Dans notre petite « carrée », sur les paillasses mises en pile, les camarades m'ont couché et recouvert de toutes les couvertures, de toutes les capotes ; mais rien ne peut m'empêcher de grelotter et de claquer des dents comme une crécelle. « Bald kapout ! (1) » a dit « Mina », le sergent allemand, tandis qu'un large rire illuminait sa trogne rouge de vieil alcoolique. L'intéressé n'a cure de ce triste pronostic ; des autres compagnies quelques amis fidèles sont gentiment venus me voir et faire un bridge tout en grillant pipes et cigarettes. Rien ne peut donner idée de l'atmosphère qui règne dans ces chambrées où cent trente hommes vivent, dorment, respirent, transpirent, se lavent, font sécher leur linge et fument sans répit. La neige et la boue entrant avec les sabots couvrent le plancher perpétuellement inondé sur lequel nous couchons. La vapeur

(1) Bientôt mort.

d'eau de tout ce marécage, les haleines fétides, mais surtout la fumée âcre et froide du tabac allemand forment un brouillard si dense que le soir il s'échappe en tourbillons furieux quand d'aventure une patrouille ouvre brusquement la porte. Elle s'arrête, saisie à la gorge par ce dégagement intempestif de gaz asphyxiants.

20 décembre.

Dans les lettres de rebut distribuées de compagnie en compagnie jusqu'à ce qu'elles rencontrent leur destinataire, je trouve cette carte : « Mon cher mari, j'ai bien reçu ton mot et suis heureuse d'apprendre que tu es en bonne santé. Si tu voyais comme ta petite Jeanne a grandi et comme elle est devenue jolie ! Tout le monde m'en fait des compliments et tu ne la reconnaîtras pas quand tu reviendras. Ta femme qui t'aime. » L'homme est mort avant-hier à l'hôpital !

23 décembre.

Mon premier colis est arrivé : quelle joie ! Ils n'ont laissé que les clefs des boîtes de conserves ; je les ai narquoisement montrées au capitaine : « C'est la guerre », a-t-il répondu. Il reste tout de même bien des petites choses : un manuel d'ouvrages de femme qui va guider mes broderies, des laines de couleur à l'usage desdits travaux, du linge, des oranges, du « zan » précieux contre la grippe. L'étoffe de l'enveloppe deviendra taie d'oreiller, le fil de fer de l'étiquette débourrera les pipes : rien d'inutile !

Le *Leipziger* publie de longues colonnes sur la famine, invitant à remplacer le pain et la viande par le sucre et le fromage. Il formule article par article les dix commandements de la faim, conseils d'une sordide et prévoyante économie ménagère. Les appels, de plus en plus pressants, sont intercalés en énormes manchettes en plein texte : « Apportez votre or à la Banque Impériale. — Économisez le pain. — En temps de guerre il n'entre pas de gâteaux dans une 'cuisine allemande. — Celui qui économise le pain mérite de la patrie ! » etc., etc... Un comité de princesses, de ministres, de généraux s'est constitué dans le but de réquisitionner le métal, jusqu'aux capsules de bouteilles (flachenkapseln), « le plus petit don fait masse ! »

Presque chaque jour les journaux vantent

notre armement, nos canons, énumèrent les forces anglaises, les réserves canadiennes ou indiennes, prévoient l'entrée en guerre possible du Japon, comme pour préparer le peuple à la défaite et lui faire demander la paix sans que le gouvernement en assume la responsabilité. Ils appellent Joffre « le Visigoth », la « Caisse d'épargne » qui fait une guerre ne ressemblant à rien de ce qu'on apprend dans les livres (évidemment notre généralissime ne procède pas à coups de masses kolossales!). Soudain ils découvrent notre armée, nos généraux, jusqu'aux jeunes filles françaises qu'ils n'auraient jamais supposées si braves devant l'invasion.

Que souhaiter de mieux? Des articles sur la paix depuis un mois; maintenant, disette de vivres, d'or, de munitions; comment soutenir que nous serons encore ici en mars?

Noël 1914.

Nous avons veillé et même réveillonné, grâce à quelques provisions venues de France que la Kommandantur a bien voulu laisser passer à l'occasion de cette solennité. Des camarades ont étendu des serviettes sur leur table, dessiné des menus, découpé des fleurs et des guirlandes en papier, acheté des assiettes blanches garnies de jambon, de confitures et de biscuits. Plusieurs patrouilles de « vieux » passèrent durant ces agapes; leurs fils sont au feu, eux bien ennuyés de la guerre! « Bald fertig! (1) » disent-ils en soupirant. Là-bas aussi nos parents doivent veiller, la tête dans les mains, près de l'âtre désert. A minuit, aux douze coups d'un gong improvisé, un fantassin, doué d'une superbe voix de ténor, entonne le *Noël* d'Adam. Le silence est absolu dans la chambrée; soulevés sur leurs coudes, les dormeurs écoutent religieusement. Au dehors, dans les ténèbres lourdes, les cloches de la ville remplissent les cieux de leur carillon. Tout à l'heure elles vont sonner, les cloches de France dont la musique eût été si douce à nos oreilles!

La journée, triste et sombre, s'achève lentement. Dans la pénombre d'un matin brumeux nous avons assisté aux trois messes liturgiques. Il dégèle, la section de jour commandée de corvée balaie la neige « parce que les Alliés ont refusé l'amnistie ». Les pauvres civils de la compagnie d'à côté, « la compa-

______

(1) Bientôt fini.

gnie martyre, » disons-nous, une brique dans chaque main pour se geler les doigts, font durant deux heures le tour de leur baraque, sous le regard vigilant de « Gueule d'acier », l'intraitable feldwebel devant lequel ils ne s'étaient pas mis assez vite au garde à vous.

Le « cafard » sévit. Les yeux sont vagues, perdus dans le rêve. La petite « carrée » d'ordinaire si animée est maintenant silencieuse. Sur la table, un camarade est couché de tout son long, un autre s'appuie dans un coin, courbé en deux, le troisième affalé par terre pleure dans ses mains. Trop triste décidément pour un jour de fête, notre pauvre taudis, semblable au logis de quelque infâme revendeur : serviettes crasseuses étendues à sécher, capotes lacérées, écuelles vulgaires, tables graisseuses, bancs boueux, paillasses et couvertures empilées en catafalque, pain noir entassé sur des étagères, morceaux de saucisse accrochés aux bidons et aux musettes poussiéreuses ; rien de blanc, rien de propre, rien d'élégant n'apporte une note de gaieté dans cette atroce misère.

Jamais je n'ai autant senti combien nous sommes loin de France..., et combien seuls !...

26 décembre.

La censure allemande a supprimé la moitié du discours de Viviani à l'ouverture de la Chambre, dans les journaux qui le reproduisent. Faudra-t-il attendre mars pour chasser l'envahisseur et porter l'offensive en Allemagne? Poursuivront-ils jusque-là la lutte « in extremis » ? Ne préféreront-ils pas s'avouer vaincus, plutôt que de s'épuiser en hommes et en argent? Les avis sont partagés. Les socialistes eux-mêmes déclarent dans le *Vorwaerts,* leur organe, que « mieux vaudrait signer la paix au lieu d'attendre d'être saignés à blanc ».

Le découragement et la lassitude doivent d'ailleurs régner en Bochie : plus de patrouilles, plus de gros réjouis annonçant de fantastiques victoires, plus de « Paris, kapout », plus de visiteurs autour du camp, de « Gretchen » à lorgnettes, de boys-scouts, de fanfares, de drapeaux. « Café hole » lui-même, le vieux braillard, a cessé ses irruptions criardes dans la chambrée le matin et perdu son entrain. « Graculus rediit mœrens » (le geai revint tout triste). Les déclarations constantes de fortune, d'animaux, de cuivre, de fourrages auxquelles le gouvernement soumet les populations ébranlent la confiance.

Les Musulmans nous quittent; ils seront tous rassemblés dans le même camp. Un fort contingent de Russes part également travailler dans les mines de charbon et les fabriques.

Des sentinelles passent en revue les paquetages, vêtements et musettes, à la recherche des équipements boches ramassés au front. Bien entendu, tout disparaît comme par enchantement.

La température saute brusquement du froid au chaud, de la neige à la pluie, ce qui ne contribue pas à rendre ce maudit pays plus agréable. Un de nos feldwebels lui-même, habitué de la côte d'Azur, s'en plaint.

1er janvier 1915.

Cette année verra-t-elle la France arracher enfin le voile de crêpe qui, depuis quarante-quatre ans, endeuille la statue de Strasbourg? Quoi qu'il arrive, il est impossible que nous passions un deuxième hiver ici :

Victoire! Retour! Voilà les émouvantes perspectives d'un avenir mystérieux encore.

6 janvier.

Sous prétexte de la suppression du tabac aux prisonniers allemands, interdiction générale nous est faite de fumer. Il s'agissait dans l'espèce du paquet « gratuit » distribué aux Boches comme aux soldats français dont ils avaient le régime, mais nos chefs mirent six semaines à s'apercevoir de leur erreur. Avouerai-je que la défense ne gêna pas grand monde et que jamais les baraques ne furent plus enfumées. Mais le paquet de 30 pfennigs passa à 1 mark et davantage et plus d'un pauvre diable paya de nombreux jours de prison la cigarette qu'il grillait imprudemment devant un sous-off grincheux.

Deuxième fouille, pour les carnets de notes et souvenirs de campagne. Tout s'embusque à nouveau.

Un prisonnier de 1870 contait ses souvenirs hier à la veillée. Il passa six mois à Dantzig : « Logement, chauffage, éclairage étaient dans le même goût, mais on jouissait de plus de liberté ; nous pouvions aller et ve-

nir en ville, y trouver de l'ouvrage; il n'y
avait pas d'enceinte grillagée. Pain médiocre,
mais plus de haricots et de viande. La vermine nous mangeait vivants. Les colis arrivaient mal, l'argent et les lettres à peu près, »
termine ce bon vieux du Nord à l'incompréhensible accent.

8 janvier.

Jamais la surveillance ne fut plus dure.
Les communications entre compagnies sont
presque impossibles; une sentinelle veille à
chaque porte. Étrangers et visiteurs ne peuvent pénétrer dans le camp sous aucun prétexte; il est interdit d'adresser la parole aux
rares ouvriers civils qui viennent encore. Aucun de nous ne va jamais en ville, où une
complicité féminine serait peut-être possible
pour préparer une évasion.

Les mandats ne sont payés qu'à raison de
10 marks tous les dix jours pour empêcher
les prisonniers, réduits ainsi au strict nécessaire, de corrompre leurs gardiens. Beaucoup d'entre nous qui parlent admirablement
l'allemand ne peuvent même tenter de s'en-
fuir.

10 janvier.

J'ai parié vingt francs avec un biffin que nous serions rentrés le 20 février. Ils répètent dans leurs journaux : « L'Allemagne ne peut pas mourir ! » — Eh ! crève donc, animal. Il n'est pas dans le caractère français de hurler « Væ victis ! » et lorsque Sobiesky s'écria avant de tomber « Finis Poloniæ ! » un frisson de pitié et de sympathie secoua la France tout entière ; mais aujourd'hui la Germanie sombrerait jusqu'au dernier homme sans qu'aucun de nous s'apitoye.

11 janvier.

Troisième fouille. Et cette fois, homme par homme. « Gueule d'acier » en a même dévêtu quelques-uns complètement, soi-disant pour confisquer les carnets, couteaux, armes, tabac, mais en réalité pour rechercher l'or qui n'aurait pas encore été livré selon les instructions reçues. Nos capitaines, un peu honteux sans doute de ces ordres venus de Berlin, se dispensent d'assister à la céré-

14

monie ; une vingtaine de « Landsturm », plus ennuyés qu'empressés à la besogne, passèrent les sections en revue les unes après les autres, sans rien trouver naturellement.

Un vent de « cafard » ravage le camp. Les plus optimistes flageolent, une morne lassitude abat les forts à l'heure mauvaise du soir dans la pénombre de la baraque ; ils restent parfois des heures assis les coudes sur la table, la tête dans les mains, jetant sur leurs compagnons un regard vitreux, hasardant une réflexion, une interrogation qui prolonge leur rêve : « Joffre a dit qu'il prendrait l'offensive le 16 décembre. — Dans sa lettre du nouvel an, mon père, très pessimiste d'habitude, parle de me voir avant l'été. »

Quand vient la nuit les hommes étalent leurs paillasses rangées en pile et se couchent à terre recouverts de leurs uniformes, alignés sur cinq ou six rangs. L'extrémité de ce dortoir improvisé, où les rayons du gaz ne parviennent plus qu'affaiblis et brisés par les montants et les poutrelles de la toiture, prend un aspect fantastique. On dirait le *Rêve* de Detaille transporté sur ce coin français de la terre allemande. Quelques-uns, faute de place, installent leurs paillasses sur les tables, tels ces statues de pierre couchées sur les tombeaux des cathédrales. Ils dorment ainsi, les descendants de ces fiers Gaulois qui montèrent à l'assaut du Capitole, firent trembler les légions romaines, conçurent l'idée grandiose des Croisades et promenèrent à travers le monde leur drapeau victorieux.

Depuis quinze jours déjà nous étions parvenus à recevoir le *Matin* et le *Journal* de l'avant-veille. Ce service a cessé brusquement et nous restons dans une ignorance bien pénible. A la moindre mauvaise nouvelle, au plus petit « canard » colporté par un Boche imbécile, en un instant, d'une extrémité du camp à l'autre, une vague d'angoisse culbute les plus optimistes. Pourtant chaque jour de gagné est un jour de victoire.

Une amie m'écrit : « Aimez le présent, vous travaillez à vous faire un passé d'où dépendra votre avenir. » N'a-t-elle pas raison?

15 janvier:

Grande offensive du général von der Brout (1); la vente du pain est interdite à

(1) Général « pain ».

la cantine, la ration journalière reste à 500 grammes par tête. Les saucisses ne sont plus du porc mais de la viande de chien... ou des membres d'amputés (?). Quand nous serons tout à fait morts de faim, ça commencera à être bon signe! Force est de coucher tout habillés, tant le froid devient piquant. Encore ne parvient-on pas à se réchauffer. Le charbon est notoirement insuffisant; nous ne pûmes jamais allumer les deux poêles ensemble. Nos gardiens arborent des cache-oreilles pince-nez qui les font ressembler à des chauves-souris.

Chaque jour nos souffrances deviennent plus aiguës. A quoi bon tous ces maux qui ne rapportent rien à la Patrie et nous dévorent du regret stérile de ne pas la défendre?

Je ne puis dire comment je vis : depuis deux mois le temps ne marque plus pour moi, ma montre est arrêtée, mon cerveau, épaissi dans une sorte de torpeur due au froid et à la faim, me refuse tout travail; impossible même de lire les rares livres qui nous sont parvenus. Le matin à 7 h. 30 les cris mille fois répétés de « au jus! au jus! » vous tirent d'un demi-sommeil qui est au moins l'oubli; puis vient la toilette, dans une cuvette de fer-blanc (une pour six hommes), suivie d'une diligente chasse aux insectes; la distribution de pain précède le rassemblement et la revue du matériel. Enfin arrive le courrier, quand notre feldwebel ne l'a pas gardé huit ou dix jours sur sa table sans songer à le distribuer. Les lettres mettent six semaines à parvenir, elles restent un mois environ à la traduction. De même celles que nous expédions, une carte par semaine, doivent, par ordre supérieur, dormir dix jours dans les bureaux avant de partir. Les familles affolées de ce manque de nouvelles font rechercher leurs membres par toutes les Croix-Rouges. L'appel des lettres, voilà bien le seul rayon de soleil qui éclaire la prison. Chacun guette son nom, quelquefois durant des semaines, dans l'attente d'une lettre. Ceux qui nous écrivent ne peuvent savoir le plaisir qu'ils nous causent. Pour une nouvelle trop lente à venir, une réponse désirée qui n'arrive pas, combien se dévorent de chagrin!

Vers 10 h. 30, promenade en rond, gymnastique suédoise ; à 11 heures, soupe, causerie, petits travaux manuels jusqu'à 3 heures, où les camarades des autres compagnies peuvent venir un instant nous visiter durant l'appel des mandats, colis et lettres égarés. A 4 heures, dernière soupe. La veillée se passe à jouer aux cartes et à 9 heures tout le monde dort depuis long-temps. Ainsi les journées s'enfilent les unes derrière les autres sans que rien en rompe jamais la désespérante monotonie. Il faut se résoudre à attendre en avril ou mars les résultats de la « grande offensive ! »

20 janvier.

J'ai eu la curiosité, en me rendant à la cantine, d'échapper à la surveillance de notre caporal et de jeter un regard sur les cuisines, toutes proches, que dirigent quatre chefs allemands assistés de soixante-quinze marmitons français et d'un chef charcutier aidé de cinq prisonniers. Les aliments, des produits concentrés auxquels on ajoute des farines diverses (haricots, pommes de terre, etc.), sont cuits dans des marmites en tôle émaillée au nombre de trente-deux de 220 litres et de huit de 400 litres. Le « cuistot », armé d'une pelle de bois percée de trous, doit constamment remuer le li-quide pour l'empêcher de prendre au fond. Parfois on prépare des bouillies de blé con-

cassé, de farines brutes ou de tapioca dé-
layés à l'eau froide puis salées et sucrées à
raison d'un kilogramme de sel ou de sucre
pour 220 litres d'eau.

La viande, du porc, très rarement du
bœuf, est hachée et jetée dans des soupes
aux nouilles, au riz, à l'orge — ce sont les
meilleures. Des pommes de terre à l'étuvée
et un hareng cru remplacent la soupe, comme
je l'ai dit, deux ou trois fois par semaine.
Chaque jour, à l'un des repas, on sert, en plus
de la soupe, une rondelle de saucisse ou un
petit fromage à l'anis.

Le soir les marmites sont remplies d'eau
et placées sur les feux couverts. Les cuisiniers, en arrivant le matin, y précipitent le
mélange de glands, d'orge grillée, de chico-
rée, baptisé café, et servent l'infusion sans
la sucrer.

27 janvier.

« Kaisergeburstag » ! anniversaire de naissance de l'empereur, la grande fête patrio-
tique de l'Allemagne. Depuis un mois des
mâts ont été plantés à l'entrée du camp, des-
tinés à recevoir d'innombrables drapeaux.

Les visages s'illuminaient d'avance. Hélas! au dernier moment une dépêche de Berlin a décommandé toutes les réjouissances. A peine avons-nous perçu un vague son de cloche, un lointain *Deutschland über alles!* De lugubres corbeaux à dos gris planent sur le camp, des traîneaux d'osier passent sur les routes que suivent de pauvres femmes courbées sous le poids d'énormes hottes. Aucune gaieté et jamais la brume ne se lève sur cette terre maudite.

31 janvier.

Les fins de mois sont aussi redoutables ici que dans le civil. Nous nous servons mutuellement de banquiers, système éminemment recommandable pour être à court d'argent, étant donné « l'infinité » des sommes touchées. Bien entendu nous n'avons aucun prêt, aucune solde.

Au réveil, ce matin, grande rumeur : 600 civils au-dessus de quarante-cinq ans et au-dessous de dix-huit vont retourner en France; ils partent immédiatement; à peine a-t-on le temps de leur dire adieu, de les charger de tous nos souvenirs pour le pays.

3 février.

La *Die Woche* (1) nous apporte cette semaine une photo qui suscite d'interminables discussions : des soldats russes tirent sur l'ennemi ; couchés derrière eux, d'autres soldats attendent qu'un de leurs camarades soit mort pour prendre sa place et son fusil. Appelés en témoignage, les Russes hochent la tête d'un air soucieux ; du coup une nouvelle scie prend naissance : « Vous savez, les Russes avancent ; ils sont sous Posen. »

Qu'importent nos braves alliés ! Il est certain en tout cas que tous les serins et autres menus chanteurs d'Allemagne ont été hachés en saucisse et qu'on nous donne leur nourriture à manger. Jugez plutôt : hier matin soupe au millet, hier soir au chènevis, aujourd'hui à la graine de lin. Et la vieille gaieté française conservant ses droits, les hommes ainsi gavés se mettent à siffler aussi gaiement que de jeunes canaris saxons !

J'aurais préféré les trois kilogrammes de chocolat que la Kommandantur vient de me

(1) La Semaine.

voler. Tout juste ai-je été admis à considérer de loin le paquet et, comble d'audace, invité à signer le registre. Le capitaine m'a assuré que bientôt les « delicatessen » ne seraient plus confisquées et que nous pouvions écrire à nos familles de nous en envoyer. Ils veulent renouveler le truc du tabac; nous nous en sommes fait envoyer sur leurs conseils et maintenant les bâtiments ne sont plus assez grands pour contenir le « caporal » ou le « maryland » qu'ils y entassent.

Les poêles sont devenus le siège d'une effroyable cuisine; tout y grille, y saute, y cuit dans la margarine; pommes de terre prélevées sur la ration et mises jalousement de côté en vue des jours de disette, harengs crus, soupes au vermicelle ou aux pâtes, inachevées le matin, réchauffées le soir, cubes de lard fumé, inappétissantes saucisses rougeâtres; mais c'est en vain que nous essayons d'améliorer le détestable ordinaire. Les chiens de France ne mangeraient pas les décoctions aux innommables couleurs qui nous servent à coller le papier aux fentes des murailles. Les sentinelles avouent elles-mêmes que du fait « du blocus de l'Angleterre contre tout droit des gens » (discours du Kaiser au nouvel an), ils sont rationnés à

quatre livres de pain par tête et par semaine ;
un maçon qui travaille à la construction des
lavoirs a acheté la miche d'un Russe et cet
exemple n'a pas tardé à être suivi par d'autres Allemands qui paient très cher le pain
des prisonniers, et quel pain !

10 février.

Trois vieux « landsturm » font la ronde ce
soir. A tout ce qu'ils disent je prends le parti
de m'exclamer sur un ton de béate admiration. Ils en racontent, les vieux : « L'Angleterre est encerclée par 150 sous-marins » —
« Donnerwetter (1) — 300 zeppelins vont s'y
précipiter. » — « Ah! Kolossal, l'aborderez-
vous aussi à la nage? » — Ils rient : « Verdoun, bald kapout ! » (2) — « Ah! So!
so! » (3). Pour montrer qu'ils ont de l'argent, ils exhibent triomphalement un billet
de 50 marks. — « N'auriez-vous pas seulement une pièce de 10 marks en or à me
montrer, je n'en ai encore jamais vu? » leur
demandai-je.

(1) Tonnerre de temps.
(2) Bientôt par terre.
(3) Vraiment! vraiment!

13 février.

Hier soir, un Russe, mourant de faim, a dévoré plus de quarante têtes de harengs jetées dans la boîte à ordures; il est mort étouffé pendant cet horrible festin.

Aujourd'hui grand pavois : 25 000 Russes prisonniers, Varsovie en flammes. Mais attendons la suite; en général ces nouvelles sensationnelles ne « tiennent » pas.

Plus de lettres, plus de nouvelles depuis quinze jours; que se passe-t-il en France? Un de nous a eu l'idée ingénieuse de faire un référendum sur l'époque de la « fuite ». Il a pris les voix des personnalités de la compagnie. Sur 323 votants, 173 se décident pour avant Pâques, 100 avant le 15 mai, 50 choisissent le 15 juin. Ne serions-nous qu'à la moitié de l'épreuve?

Un nouveau zeppelin, le *S 3*, a passé sur nos têtes : les cellules arrière ont disparu et sont remplacées par deux gouvernails de profondeur et un de direction. Plate-forme en haut et à l'avant, avec deux canons ou mitrailleuses. La grande nacelle centrale, en forme de quille de bateau, est supprimée et

remplacée par quatre petits berceaux dispo-
sés en losanges qui portent les quatre moteurs avec leurs hélices et les échelles ser-
vant à monter dans l'intérieur. Un peu en
avant, une cinquième nacelle, sorte de block-
haus vitré, abrite le commandant et ses aides.
Ni plus rapide, ni moins serpentant dans sa
marche que les autres, ce zeppelin serait bon
à rencontrer en aéroplane : L... et moi le
regardons avec envie ; le moment de l'attaque
doit être impressionnant.

14 février.

La messe est devenue une solennité dont
bien peu se dispensent. Sous la conduite d'un
distingué maître de chapelle, une chorale est
parvenue à imiter la musique de l'harmonium par de sourds bourdonnements de voix.
Nous chantons psaumes et cantiques. Ce
matin il y eut même un *O salutaris* avec violon, joué sur l'instrument qu'un Belge vient
de construire avec des morceaux de boîtes à
cigares ; évidemment ce n'est pas un « Stra-
divarius », mais il faut avoir été privé de
toute espèce de jouissances artistiques pour
comprendre quelles fibres l'archet le plus
grossier peut soudain émouvoir.

Durant l'office le prêtre, après avoir prononcé une courte allocution, lit une longue liste de disparus que leurs familles font rechercher. Où êtes-vous, infortunés? Enterrés au coin d'un champ, putréfiés au fond d'un hallier, mis en pièces par un obus? « Nul ne sait votre nom, pauvres têtes perdues. » A vos foyers désolés, des veuves, des mères pleurent et espèrent contre toute espérance, épiant, l'oreille au guet, le facteur porteur d'une lettre attendue chaque matin. Presque tous les jours l'un de nous reçoit ainsi une demande de renseignements; les uns parce qu'ils étaient sous-officiers dans le régiment du disparu, les autres en raison d'une simple similitude de nom : « Êtes-vous mon frère? mon mari? mon fils? présumé blessé le..., à... » (ici le nom d'une de ces premières rencontres qui furent si meurtrières) et ces lettres sont touchantes, suppliantes; certaines promettent de l'argent pour une réponse. Jamais je n'ai vu fournir la moindre indication à ces questions angoissées.

16 février.

Mardi-gras ailleurs, mardi maigre ici, comme les autres! Depuis dix jours, plus de

pommes de terre; le pain n'est pas cuit;
l'acide des confitures noircit la lame des couteaux de fer battu. Après le dîner (?), le
Belge violoniste a décroché son instrument
et régalé ses camarades d'un peu de musique : *Paillasse, le Clair de lune*, de Wer-
ther, *les Contes d'Hoffmann*, etc. Les hommes
des quatre nations alliées, enterrés dans ce
hangar par la barbarie germaine, se serrent
pour l'écouter et se taisent pour mieux pleurer !

17 février.

L'aube blanchit à peine la fenêtre de notre
« carrée » qu'un homme entre affolé prévenir
le chef de baraque que N..., celui-là même
avec lequel je pariais vingt francs il y a six
semaines que tout serait fini en mars, s'est
pendu. Depuis quelques jours il paraissait
sombre; un tireur de cartes lui avait prédit
toutes sortes de malheurs domestiques; hier
soir il rôdait comme une bête traquée. Et le
voilà étendu par terre, recouvert de sa capote, gardé par deux sentinelles qui ricanent,
le lebel au côté. En passant devant le cadavre
au moment du rassemblement, le capitaine
s'est découvert. Encore un que sa femme et

ses enfants attendront en vain sous les pommiers de son verger normand.

18 février.

Chaque soir nous nous réunissons, au nombre d'une centaine, dans une baraque inoccupée et récitons la prière et le chapelet, sous la direction d'un caporal séminariste, devant un Christ de bois sculpté par les Russes qu'encadrent deux bougies. Les lèvres murmurent les prières connues, mais les âmes s'envolent bien loin du camp, oublieuses de l'Allemagne et de la captivité, s'unir un moment à celles qui au pays prient aussi pour nous. "

Le « feldwebel » annonce ce matin 67 000 Russes prisonniers! Si nous lui disons que cela représente l'effectif de deux corps d'armée et qu'il faudra mobiliser 20 000 hommes pour garder cet immense troupeau, il rit d'un air béat.

19 février.

Les invalides partent pour Constance où ils vont être échangés. Recensés et triés depuis longtemps, tout espoir les abandonnait lorsque tout à coup l'ordre est venu. Serrés derrière les grillages, nous les regardons s'en aller. Ils montent joyeux dans les autos qui vont les conduire au train. Ceux qui n'ont plus qu'un bras nous adressent de leur seule main valide un gai signe d'adieu! Dans quelques jours ils vont donc revoir la patrie, porter de nos nouvelles à ceux qui désespèrent ; nous sommes heureux de leur bonheur, et pourtant, appuyés aux fils de fer, nous envions secrètement leur mutilation.

A peine ceux-là ont-ils quitté le camp qu'un convoi d'éclopés, des Anglais principalement, les remplacent. L'un d'eux porte l'os de son tibia triomphalement suspendu à son cou. « Que de vendeurs de papier à lettres plus tard aux coins des rues! » fait remarquer un loustic.

Les Russes polonais ont été séparés et dispensés des plus rudes corvées laissées à leurs compatriotes. La Pologne est « annexée » à l'empire d'Allemagne.

23 février.

Trois rondes passent coup sur coup durant la soirée, alors qu'on reste quelquefois six semaines sans en voir. « Dans trois mois tout

15

sera fini, » annoncent les hommes, et ils
exhibent joyeusement un *Extra blatt*, de ces
« extra blagues » du samedi, imprimés tout
exprès pour remonter le dimanche le moral
du populaire. Celui-ci annonce l'anéantisse-
ment complet de la 10ᵉ armée russe, la capture d'un général de division, 6 généraux de
brigade, 150 canons, 100 000 soldats ! Un de
ces « landsturm », une vieille connaissance,
me frappe sur l'épaule : « Huit cents Français
et 15 officiers faits prisonniers près d'Ypres,
— mais *extra* », ajoute-t-il d'un air bon enfant.
Cet « extra » est un poème ; évidemment le canard de Mersebourg n'a pas eu le temps d'in-
sérer ce sensationnel tuyau. Pour me montrer
sa bonne humeur il me déclare que je suis
vieux et décati. Il cherche en vain mon
alliance : « Kein Madame? Ah! So? (1) »
J'essuie du moins un regard de sympathie
émue pour mon célibat qui paraît confondre
sa sentimentalité conjugale !

24 février.

Le cinquante-quatrième prisonnier est
mort ce matin de froid et de misère; un

____

(1) Pas de Madame? Ah! Vraiment?

grand civil du Nord, un peu malingre, arrivé sans ressources, sans vêtements chauds, et que la captivité a achevé.

De plus en plus tous souffrent de la faim. Le pain fait cruellement défaut, les féculents aussi, la viande n'existe qu'à l'état de fragments, rien que des soupes à l'eau, tous les colis dépouillés. Que faire, même avec de l'argent? Acheter du jambon, du lard, de la margarine, de la saucisse? Mais ces aliments très chers vous rebutent à la longue et donnent d'effroyables crises d'urticaire. Pour la première fois j'ai été frappé des transformations survenues dans la mine et les traits d'individus avec lesquels je vis journellement et dont, pour cette raison, je n'avais pas remarqué la lente évolution. Les uns sont bouffis, les joues soufflées, le teint livide, le cou flasque et plissé d'une graisse de mauvais aloi; les autres les yeux éteints et mornes; les pupilles cadavériques ne regardent plus rien, la pensée est absente derrière les fronts blafards, les dos se voûtent, les poitrines se creusent, les épaules s'arquent. Certains ne peuvent plus se lever le matin ou se recouchent dès midi. Ils errent taciturnes et fureteurs, semblables à des ombres. Les tiraillements de la faim se gravent sur leurs visages flétris; ils grelottent de froid, de fièvre, d'épuisement et jamais ne se réchauffent. Les récits de guerre, la Patrie elle-même vers laquelle pourtant tendent tous les désirs, paraissent oubliés. Ils vivent au jour le jour, troupeaux sans force, ballottés de l'espoir au désespoir selon le dernier tuyau qui passe. Ils sauront le prix du bonheur, ceux qui reviendront!

« Connaissez-vous l'Allemagne? » m'avait demandé l'officier qui nous captura. « Ah! ah! vous verrez, » ajouta-t-il orgueilleusement. Hélas! oui, nous voyons!

26 février.

La Croix-Rouge française nous comble de vêtements et de menus objets. Quelle joie de dépouiller enfin le grossier linge teuton et de revêtir les douces chemises, les caleçons chauds, les chaussettes tricotées au coin du feu par les femmes de chez nous en rêvant des absents. J'ai hérité pour ma part d'une ravissante trousse de satin rose garnie de fil, de boutons et d'aiguilles qui m'a rempli d'une joie enfantine. Tout le jour j'ai recousu mon malheureux uniforme en lambeaux et la

veillée me voyait encore l'aiguille à la main,
lorsqu'un orchestre, venu d'une compagnie
voisine au travers des grillages, a fait soudain irruption dans la baraque. Ils sont
quatre musiciens; un triangle, une mando-
line, une guitare et un violon ingénieusement fabriqué avec des couvercles de boîtes
et des cordes achetées en ville. Sous les
doigts des artistes les romances mélancoliques, les tangos à la mode, les valses les plus
langoureuses se sont doucement égrenés. Où
êtes-vous, tziganes en veste rouge du joyeux
temps passé? Dans le rythme de la musique
les coquettes farandoles des pierrots pâles,
des marquises Louis XV, des Persanes aux
yeux fendus, tourbillonnent soudain à travers la fumée des pipes, au-dessus de la
misère des paillasses grises, des hommes
endormis sous leurs uniformes en haillons.
Cette mignonne trousse de satin rose qui me
sert en ce moment n'a-t-elle pas été taillée
dans la robe de bal de ma dernière danseuse?
Il me semble la voir encore ainsi que le jardin
où nos pas faisaient crier le sable des allées
par un beau soir de juin. Les lanternes véni-
tiennes et les feux de bengale multicolores
filtraient sur les gazons clairs, illuminant
d'une lueur de féerie les massifs de fleurs,

les cascades artificielles, les branches de tilleuls lourdes de boutons. Au salon un orchestre jouait ces mêmes airs; nous parlâmes de la guerre, vous souvenez-vous? « Oh! moi, je me ferais infirmière », vous êtes-vous écriée en relevant d'un geste mutin une de vos boucles brunes que l'entraînement de la danse avait dérangée. Votre souhait s'est sans doute réalisé et dans une ambulance ce front très pur que ne ternit encore aucune ride se penche sur nos soldats mourants qui, en partant pour le grand voyage auquel vous les préparez, emportent la vision de vos yeux et du dernier sourire de votre lèvre enfantine. Vous étiez la dernière à quitter le bal, mais la première au dispensaire le matin, toute prête, à la stupeur des barbares, à remplir votre rôle de femme française. Qui nous eût dit, ce soir-là, lorsque l'orage était déjà déchaîné, qu'un volant de votre toilette rose irait réveiller quelques mois plus tard dans le cœur de votre danseur d'une heure, derrière les grillages d'une prison d'exil, l'écho ému de la dernière fête d'avant la guerre où, sans le savoir, nous enterrions tous deux notre jeunesse!

L'orchestre a depuis longtemps cessé ses

accords; la baraque pleine d'ombre s'emplit
du ronflement des dormeurs.

27 février.

Deuxième et formidable offensive du
général « Von der Brout ». La ration de pain
descend à 300 grammes par tête et par jour
alors que les conventions de Genève stipu-
lent formellement qu'en aucun cas, sans pré-
judice des quantités de viande, de café, de
légumes, de sucre que nous ne touchons
jamais, les prisonniers doivent recevoir au
moins 500 grammes de pain par jour. Comme
remède moral et physique on nous promet
une soupe deux fois par semaine à la place
du café de gland, ainsi que l'autorisation de
fumer en dehors des baraques de 10 à
11 heures et de 3 à 4. Enfin nous recevrons
intégralement nos colis. « Café hole, » gla-
pissant dans la baraque selon son habitude :
« Aus, aus Weck » (1), pour nous envoyer au
rassemblement, est accueilli par des huées.
« Brout! brout! Kapout! German kapout!
brout! brout! » De section en section, de

____

(1) Dehors, dehors.

compagnie en compagnie la rumeur enfle et grandit; tous les hommes hurlent : « Brout! brout! ». Les sentinelles avouent que l'administration fait semer en pommes de terre jusqu'aux places publiques des villes; « c'est la faute de l'Angleterre. »

1er mars.

Un mois passé, vingt-huit jours seulement, juste quatre semaines. Ils n'ont guère pensé aux prisonniers ceux qui eurent la barbarie d'inventer des mois de trente et un jours avec cinq interminables dimanches et de vilaines années bissextiles.

Nous lisons un peu maintenant. De France on nous a envoyé des livres. Nous travaillons aussi les langues, allemand et anglais principalement. Nos intelligences assoupies se réveillent de leur torpeur hivernale. Machinalement j'ai songé à notre capitaine en lisant ce passage de la *Canne de jonc*. Hier encore il me distribuait des brochures expliquant l'agression de la Belgique contre l'Allemagne. « Je considérais avec une sorte de terreur l'abjection de ma position en pays étranger, qui pouvait durer jusqu'à la fin de la guerre, et je voyais comme inévitable le sacrifice de ma jeunesse anéanti dans la honteuse inutilité du prisonnier. » Oh! cette dernière phrase; elle a réveillé dans mon cœur l'écho d'une plainte angoissée que, depuis des mois, je ne parviens plus à calmer, dont rien ne peut atténuer les lancinantes atteintes. Quelle consolation trouver? Un prisonnier n'est-il pas une force perdue, une souffrance inutile pour son pays? Cette guerre dont j'ai tant rêvé s'achèvera sans que j'en aie ma part.

7 mars.

Dimanche, journée lugubre et interminable; les camarades qui venaient l'après-midi, au moment des lettres, demeurent impitoyablement claustrés chez eux. Il pleut, il neige à tour de rôle, la cour est un champ de boue. Par la fenêtre de notre « carrée », la noire baraque d'en face fait point de vue, de l'autre côté des fils de fer chargés de neige demi-fondue. Rien de vivant, aucun son, à peine parfois un homme traverse rapidement d'une chambrée à l'autre, serré dans sa capote ou drapé d'une couverture. Toujours pas de nouvelles. Sommes-nous à la moitié de notre supplice? Mieux vaudrait ne pas songer, et pourtant que faire dans ce cercle étroit qui nous emprisonne, où nos pensées se débattent comme le vol d'un ramier sous le filet? Ainsi donc Pâques viendra, fête du printemps où les cloches sonnent plus joyeuses dans le ciel plus bleu, moucheté parfois des premières hirondelles, mais ce seront des cloches allemandes comme à la Toussaint, comme à Noël. Avril verra fleurir ses primevères sur le gazon des prairies et éclore sous la poussée féconde du printemps les buissons des haies; nous serons ici. Mai, mois de la Vierge, des lilas et des boutons d'or, du rossignol, des promenades attardées le soir par les nuits tièdes, passera pour nous derrière des grillages barbelés. Juin, plénitude de la lumière, saison des roses vermeilles, des cerises purpurines, où chaque nid gazouille, c'est en cage que nous respirerons l'effluve enivrant de tes acacias en fleurs. Juillet, ivresse des vacances, des routes ouvertes à perte de vue sous les roues des autos, moissons dorées, mer d'émeraude, soleil de feu, ici, toujours ici. Août! un an que la terrible faucheuse aura commencé son travail à travers les beaux épis de France.

Quand donc, travailleuse infatigable, t'arrê-
teras-tu dans ta besogne, et contemplant
d'un œil morne l'immense champ de carnage
essuieras-tu d'un geste épuisé le tranchant
de ta faulx rouge de sang humain?

8 mars.

Brusque retombée de la température qui
jamais ne fut plus rigoureuse. La brise s'en-
gouffre jusqu'au fond des baraques; la terre
sonne sous les pas. Hélas! toujours même
insuffisance d'aliments contre le froid et les
colis, demandés maintenant que les « delicatessen » sont autorisées, n'arriveront pas
avant quatre semaines au moins. De jour en
jour le pain empire jusqu'à devenir cette
pâte visqueuse, acide et sablonneuse justement nommée, nous le sûmes au retour, le
pain double KK. Cela n'empêche pas les
ouvriers civils ou les sentinelles d'acheter
les rations des prisonniers qui préfèrent se
fournir d'un peu de lard ou de margarine.
Nous devons maintenant mettre de côté
jusqu'aux épluchures de pommes de terre.
Les hommes de toutes les professions :
mineurs, agriculteurs, mécaniciens, recen-

sés par listes, partiront incessamment travailler.

13 mars.

Des malades tombent d'inanition dans les
bras des majors, avant même qu'ils aient pu
être examinés. Ceux-ci leur distribuent une
part de leur ration de viande ou leur admi-
nistrent un cordial mi-partie eau, mi-partie
alcool du réchaud de l'infirmerie.

La température est plus basse que jamais.
Pas de charbon.

Les lavoirs sont terminés avec chaudières
pour bouillir le linge, douches chaudes et
froides. Les Boches sont très fiers de leur
camp, un modèle du genre, paraît-il. A quoi
bon ! on y meurt de froid et de privations !

15 mars.

J'ai faim ! Mes forces baissent ; depuis
quelques semaines déjà je ne puis plus me
réchauffer. Des frissons, combattus d'abord
par la quinine, me parcourent tout entier et
la nuit des tiraillements d'entrailles de plus
en plus douloureux interrompent mon som-

meil et me tordent sur mon grabat! J'ai
faim!... Où sont-elles les croûtes dorées que
je gaspillais jadis, les menus morceaux de
viande, insuffisamment rôtis, que je repous-
sais au bord de mon assiette d'enfant. Les
majors pris de pitié m'envoient à l'infirmerie.
J'ai donc laissé les camarades et la petite
« carrée » d'où je ne pensais sortir qu'au
jour du grand départ et pris possession d'une
paillasse montée sur quatre pieds; quelle
amélioration cependant de descendre de « son
lit », de rester assis les jambes pendantes ou
couché sur le dos en rêvant aux étoiles,
quand depuis des mois on gisait par terre
dans l'eau et la boue!

Triste, moins sordide pourtant que la
baraque, l'infirmerie est peuplée de civils
crasseux et maladifs dont beaucoup crachent
le sang. Cinq poêles en meublent l'intérieur;
mais les murailles n'étant garnies d'aucun
papier goudronné, ni d'aucun cloisonnement
de plâtre, la bise s'insinue à travers les fentes
des planches et souffle aussi fort que dehors.
Les potions gèlent sur les tables des malades.
Heureusement que l'abondance des remèdes
ne cause ici aucun encombrement : aspirine,
quinine, teinture d'iode à l'eau dont mon
camarade W..., critique d'art de *Comedia*

et passé maître-infirmier, badigeonne les dos décharnés des malades les plus tousseux, sont ici l'alpha et l'oméga de toute thérapeutique. La plupart de ces pauvres civils ont passé l'hiver avec une seule chemise, une petite veste de lustrine noire, des souliers percés, sans capote, ni manteau, ni gilet, rien que deux pauvres couvertures.

Au-dessus de mon lit, une plaque noire porte inscrits à la craie mon nom, mon âge, mon matricule; on dirait une de ces plaques mortuaires des marins disparus en Islande qui garnissent les murs de certains cimetières bretons. Qu'il faudrait peu de chose pour me guérir, pourtant! un rayon du soleil de la Patrie y suffirait sans doute.

Dans ces camps une impression se dégage plus forte que les autres : la solitude. Nous avons des camarades, peut-être des amis, mais la lutte pour la vie est trop cruelle, elle absorbe tout autre sentiment et nos mères sont trop loin pour nous consoler de leur tendresse.

16 mars.

Un de mes bons amis, D..., malade lui aussi, vient me rejoindre et prendre le lit à ma droite; aussitôt une plaque mortuaire est fixée au-dessus de sa tête. A ma gauche repose ou plutôt se débat un épileptique chez qui la moindre émotion détermine une crise. Ils sont trois ou quatre dans la salle, à souffrir du même mal. Quand l'un commence tous les autres l'imitent et le regard se heurte partout à des corps convulsés. Le malade d'en face, la poitrine trouée d'un shrapnell, mais doué d'un appétit robuste, crache un beau sang vermeil; il s'en remettra, dit-on.

19 mars.

Quelques civils partent vers d'autres camps; de très bons amis s'en vont ainsi, dont M. M..., charmant industriel du Nord.

En France, l'herbe verdit sans doute et les choucas du vieux manoir familial ont dû commencer sur les pelouses leurs promenades deux à deux. Il neige ici. Dans le ciel gris des vols de charognards tourbillonnent lourdement; les sentinelles frileuses ont relevé le col de leur capote et battent la semelle entre deux guérites. Aucun signe ne fait pressentir l'approche du printemps.

Vers 10 heures, un Allemand, étudiant en

médecine, haut perché sur d'interminables jambes, la tête emmanchée d'un long cou, passe la visite des malades. Ses gestes saccadés, ses membres grêles et effilés, mais surtout l'expression singulière de son visage aux pommettes coupantes, à la bouche fendue en coup de sabre jusqu'aux oreilles, lui ont aussitôt valu un surnom de batracien que beaucoup prononcent « gueurnouille » ou « grenoulle ». Ce morticole têtard prétend en remontrer à nos majors, même à celui à quatre galons. Il va et vient dans l'infirmerie, déshabille un homme au hasard et le laisse grelottant à attendre son bon plaisir, l'oublie, repasse, ausculte au stéthoscope d'un air entendu sur les côtes ou sur les omoplates, peu importe, tapote un ventre, explore une gorge, déclare malade de la poitrine un individu en prévention de typhus, guéri un soldat qui a 39 degrés de fièvre chaque soir, inquiétant un tireur au flanc que les médecins français renvoient dans sa compagnie, etc... Sa marotte est de voir tous les malades au lit. Et de fait ce remède, qui réussit parfaitement aux chiens, est le seul qui nous fasse quelque effet, à défaut de médicaments inexistants. Le froid aidant, chacun reste niché tout le long du jour. Sa visite terminée, la grenouille décide des sorties et tous de se renfermer aussitôt sous leurs couvertures. Mais son doigt levé s'arrête au hasard comme une aiguille de loterie de village sur le premier venu avant que l'excellent W... ait eu le temps de prévenir la catastrophe. Enfin, il quitte l'infirmerie. Un jour de passé encore. Demain sera peut-être mon tour. Pourtant la grenouille apitoyée m'a mis au régime spécial : un peu de viande le matin, deux œufs le soir, mais je n'ai plus faim. Toujours ce regret, plus lancinant à mesure qu'approche la belle saison : la grande offensive va commencer sans nous !

24 mars.

Premiers beaux jours ! Allongés sur nos couvertures, étendus à terre dans la cour, nous lézardons sous le soleil de midi. Pour la première fois depuis six mois, le ciel est complètement bleu, l'horizon de la plaine dégagé. Pas un souffle. Derrière les grillages, des jeunes filles en toilettes claires donnent le bras à des soldats blessés en promenade. Machinalement je compte les heures de vol qui eussent été possibles, je totalise les bombes à lancer, le nombre d'hommes ou de chevaux qu'elles atteindraient durant une aussi paisible après-midi. Un de nos aumôniers vint à passer qui lut sans doute dans mon regard fixé vers les hauteurs. « Lorsque vos regrets d'inaction deviennent trop cuisants, dit-il en me frappant amicalement sur l'épaule, souvenez-vous de cette parole du Christ : « Aimez-vous les uns les autres! » A cet instant, de l'autre côté du fil de fer, un blessé passait, le bras en écharpe replié sur la poitrine, le visage calme et grave ; il donnait la main à une fillette de quatre ou cinq ans, élégamment vêtue, qui profita de l'inattention de son père pour s'avancer vers nous, levant son petit poing d'un air rageur en haine de ces Français qu'on lui avait appris à détester. L'étrange contraste entre la parole que je venais d'entendre et le geste de cette enfant me fit mal ; je rentrai dans ma baraque.

Sur le seuil, deux nouveaux arrivants : un sergent d'infanterie de marine et un chasseur à pied, amputés tous deux d'une jambe et soutenus par leurs béquilles ; ce sont les premiers invalides français que nous ayons vus depuis le début de la guerre. Un même sentiment de pitié émeut tous les assistants. Le chasseur avait eu la jambe labourée par un shrapnell depuis la cheville jusqu'à la moitié du fémur. Le ricochet d'une balle déchira la cuisse du sergent, resté quatre jours sans aucun soin sur le champ de bataille, tandis que les Allemands achevaient près de lui à coups de crosse un lieutenant et quatre de ses camarades. « Le quatrième jour, dit-il, les vers pullulaient dans la plaie, je les prenais à poignée pour les lancer au loin, lorsque des infirmiers boches me recueillirent. Mais je dus attendre trois jours encore l'arrivée du médecin, qui me coupa aussitôt la jambe. » Il donnait ces détails gaiement, assis sur son lit, fumant une courte pipe soigneusement culottée, ses béquilles à côté de lui, sa bonne jambe négligemment pendante, l'autre, le moignon, renfermé dans le pantalon replié. Son visage énergique n'exprimait aucun regret et sur sa lèvre moqueuse tombait à la gauloise une moustache roussâtre. Leur campagne à tous deux fut de courte durée : le petit chasseur avait été blessé le troisième jour, le colonial le 25 août après treize ans de colonies, sans une maladie. « Maintenant, c'est fini, ajouta-t-il encore d'un ton calme, en tirant une bouffée de sa pipe, on s'y fait, vous savez. La première fois, quand j'ai vu ma jambe de pantalon vide, qui pendait bêtement à côté de moi sans plus rien à mettre dedans, cela m'a fait quelque chose et j'ai pleuré. Nous avons été bien soignés, mais brutalement. Jamais le chirurgien ne lavait nos plaies ; il les « torchait » avec un lambeau de gaze et, à vouloir serrer le moignon trop fort, l'a mis en tire-bouchon et dévié l'os. Mon courage vous étonne? La vie vaut tout de même de souffrir un peu pour elle ; si vous saviez la joie de se sentir vivant encore après avoir attendu la mort pendant plusieurs jours ! Le secret de ma force? Regarder les autres, j'en ai vu tellement de plus touchés que moi à l'hôpital ! La mâchoire inférieure de l'un d'eux était arrachée, sa langue pendante hors d'une énorme cavité, ce qui ne nuisait en rien à sa gaieté. La moitié de la face d'un autre fut coupée par un éclat d'obus ; plus de nez, deux moitiés de mâchoires, un reste de langue, les bras brisés ; il criait chaque matin au pansement devant les infirmiers boches : « Vive la France! » Il mourut au bout de trois semaines. Moi, je perds une jambe, mais il m'en reste une bonne, ma tête et les deux bras. » Sa pipe s'était éteinte ; il la tapota sur sa béquille et la rebourra avec une grande attention. « Et vos familles? questionnai-je. — Pour moi, dit le chasseur, je n'ai jamais eu de nouvelles. Le sergent a écrit à ses parents qui habitent Marseille; les miens restés à Longwy ne savent rien. Mais, bah! vous verrez, ce n'est pas mon pilon qui m'empêchera de danser aux assemblées du dimanche. »

La résignation et le calme de ces deux hommes m'émerveillent. Ils plaisantent de leur mutilation comme de bons ouvriers satisfaits de leur journée. De quel droit me plaindre? J'aurais pu connaître même destin.

29 mars.

Pour la deux centième fois, « situation inchangée » — duel d'artillerie — avance de 50 mètres ici et là. » — Mais nous les connaissons par cœur les communiqués : le Bois Le Prêtre, le Bois de la Gruerie, la ferme de Beauséjour, Perthes-les-Hurlus, Berry-au-Bac, Notre-Dame-de-Lorette, La Bassée, l'Argonne, l'Artois, l'Yser! Pas un nom nouveau depuis six mois!

Le « cafard » prend des proportions insensées. Sans doute les privations en sont la cause, mais la dépression morale aussi. Nul d'entre nous n'échappe à ce cercle vicieux. Ah! les yeux, miroirs de l'âme, comme ils ont changé, quelle effroyable expression ils ont prise peu à peu! Est-ce le désespoir qui allume dans les prunelles cette lueur farouche et inconsciente? La lassitude grandissante qui creuse et bistre les orbites? Quelque chose d'indécis flotte dans ces regards qui ne savent plus se fixer et cet éclair trouble, n'est-ce pas celui qui se glisse sous la paupière des fous? En une heure parfois, le visage d'un homme se transforme, le teint blêmit, les traits se tirent, il devient méconnaissable. L'infirmerie renferme une douzaine d'individus dont la seule maladie est une hypocondrie renforcée qui blanchit leurs cheveux à vue d'œil. D'autres restent assis des heures sans rien dire à la même table, sifflotant entre leurs dents ou tapotant de leurs doigts amaigris des airs lointains. La plupart ressassent indéfiniment les mêmes histoires. Ils n'ont plus que des gestes las, des mouvements atrophiés de gens qui, ne circulant pas, se sont engourdis dans la léthargie et l'inaction. Il en est qui viennent demander aide et consolation; ils découvrent leurs plaies et se découragent eux-mêmes, pensant qu'on leur rendra l'espoir; on les fuit, on recherche les plus optimistes, heureux quand, loin de vous secourir, ils ne s'effondrent pas eux-mêmes. Tel qui raillait hier et prêchait le calme, la patience, la certitude d'un avenir meilleur, glisse dans des abîmes de pessimisme à propos d'une lettre, d'un « canard » qui circule, d'une mauvaise soupe. Il se frappe la poitrine, abjure ses erreurs de la veille, devient un obsédé de tristesse, ne discute même plus : « Eh bien! quoi de neuf? » — « Dans combien de temps pensez-vous? » — Parfois la maladie débute par attaques brusquées dont rien ne peut garantir. Vous étiez occupé à lire ou à écrire sans penser à mal; soudain l'idée fixe saute dans votre cerveau, encercle les méninges, tambourine la matière grise. Et comment s'extérioriser, distraire sa pensée? Les plus vaillants s'efforcent de remonter les plus faibles; ils consacrent leur temps à les distraire, à soigner ces malheureux malades, sachant bien que la charité console; mais un seul instant accordé aux rêves et l'imagination vous emporte à travers les souvenirs du passé; il est trop tard! Les uns après les autres cette lutte contre la désespérance nous décime et nous tue.

La voilà donc, la maison des morts avec

cette épitaphe que je cherchais en vain le jour de mon entrée ici : « Vous qui entrez, laissez tout espoir ! »

21 mars.

Un pauvre Russe arrivé depuis deux jours excite notre compassion par sa mine attristée dont nous savons bientôt la cause. Le malheureux est hypnotisé par les Boches qui lui affirment depuis deux mois qu'ils tiennent la Belgique et la France, et ne feront qu'une bouchée de l'Angleterre et de la Russie. Il lit un journal mi-anglais, mi-russe, imprimé en Allemagne : le *Continental Times*. « Fransouski, Belgium, Rouski, nicht kapout! (1) » hurlons-nous tous à la fois; « Germany kapout! » Il hoche la tête d'un air incrédule. Mon ami W..., par une charrue, un cheval, des enfants, une maison ingénieusement dessinés, découvre qu'il est agriculteur, marié, père de cinq garçons, et n'a reçu aucune nouvelle des siens depuis huit mois déjà. Il habite Saratow, au bord de l'immense Volga. Tous ses doigts de pieds gelés dans les tran-

(1) Pas morts.

chées ont été coupés, il ne marche que sur les talons; l'œil droit crevé par une balle bave le long de sa joue; plus d'uniforme, un caleçon percé et une veste de soldat boche. Le soir, à genoux au pied de son lit, il murmure de grandes prières suivies d'innombrables signes de croix. Celui-là n'a-t-il pas plus de droit que nous à la tristesse?

1er avril.

Chaque jour le troupeau des amputés grossit. Tous ces béquillards et le Russe de Saratow en équilibre sur ses talons se livrent à d'étonnants matchs de vitesse dans les cours de l'infirmerie.

Nouvelle soupe au tapioca baptisée aussitôt « œuf de grenouille » à la morue salée et même gâtée, saucisse de poisson; en un mot, grande variété dans l'ordinaire, mais aucune augmentation dans la quantité. Du moins les colis parviennent-ils sans encombre, encore que la Kommandantur confisque les papiers d'argent du chocolat. Il arrive six cents paquets par jour dans deux grandes charrettes traînées de la gare au camp par un attelage de prisonniers. La Croix-Rouge française, sur la demande de nos majors, nous comble de vivres, de linge, de jeux de toutes sortes, de livres par centaines de kilos à la fois. Les visages engraissent, les teints s'éclaircissent ; nombreux seront ceux auxquels les envois de leurs familles ou des sociétés de secours auront sauvé la vie. 130 000 francs de mandats chaque mois sont distribués dans le camp et nous devrions toucher des Allemands suffisamment de vivres pour n'être pas obligés de faire leur fortune. Ils avouent eux-mêmes que le coût de notre entretien par jour et par tête est de 65 *pfennigs* au lieu d'un mark, chiffre minimum fixé par la convention internationale pour le règlement de comptes des États entre eux à la signature de la paix.

Les Russes ne reçoivent aucun colis ; nous partageons les nôtres avec eux dans la mesure du possible. Les Anglais sont normalement ravitaillés, en uniformes surtout. La reine leur a fait distribuer à chacun pour Noël une boîte de cigarettes avec sa carte de visite et un mot d'encouragement.

La palpitante question qui soulève en ce moment l'Allemagne et remplit les colonnes des journaux est de savoir s'il faut sacrifier les 25 000 000 de porcs dont s'enorgueillit l'Empire avant qu'ils n'aient atteint leur poids, ou si on doit les engraisser avec des pommes de terre en diminuant le stock de celles-ci. Ce débat comique d'où dépend l'avenir d'un peuple nous remplit d'une joie féroce (1).

2 avril.

Mon nouveau voisin de lit, un Belge qui défendit Liége, l'a vraiment échappé belle; il fut traversé de part en part de deux coups de baïonnette dans la région lombaire et piqué comme un papillon au parapet de bois de la tranchée. Tout en essayant vainement d'arracher son arme, le Boche, son bourreau, l'accablait d'injures. Aucun organe essentiel ne fut atteint; de cent cinquante ils restèrent six; les blessés moururent achevés d'une balle dans la tête.

Le soir venu, à la clarté douteuse des becs de gaz baissés, les malades appuyés sur leurs coudes chuchotent entre eux : « La grande offensive!... au beau temps... Joffre, Castelnau... Marche en avant... en deux mois la trouée sera faite... Juillet, août... Et dans

(1) On a pu voir par la suite et jusqu'à maintenant l'importance de cette question dans les journaux d'outre-Rhin.

l'espoir que bientôt « ça va commencer »,
ils s'endorment en rêvant du retour.

4 avril, Pâques.

Six mois demain ! Où est-il ce jeune ouvrier
dont nous avons tant ri le jour de l'arrivée
lorsqu'il nous disait : « A Pâques vous serez
encore ici » ?

Pendant la messe un *Pater* et un *Ave* réci-
tés en communion avec ceux qui là-bas doivent aussi penser à nous arrachent des larmes
de tous les yeux. Le temps est froid et gris ;
quelques promeneurs déambulent paisiblement ; cela paraît étrange de les voir passer
joyeux ou même indifférents près de nous
qui souffrons tant ; ils ne semblent pas comprendre ce que peut être la misère de leurs
prisonniers. Le matin on nous régala d'une
soupe à la farine de lin ; à 5 heures, patates
et harengs crus. J'ai donné mon hareng au
petit chasseur à la jambe coupée, rabiot
de patates au Russe de Saratow. Avec W...
et D... nous évoquons, quelques instants seulement pour ne pas nous affaiblir, la Patrie,
les familles lointaines, les souvenirs chers qui
tremblotent déjà dans la brume du passé.

Ainsi s'écoula pour nous en captivité cette belle fête de Pâques que je n'oublierai jamais.

10 avril.

Chaque jour des centaines d'hommes partent travailler de tous côtés. Les compagnies se vident; il ne reste plus que les malades et les chefs de baraque ou de section. Les prisonniers sont employés aux mines de charbon, aux fabriques de briquettes ou de phosphore, à des constructions d'usines pour la guerre; les mieux partagés s'en vont par petits groupes chez un propriétaire rural où ils reçoivent une nourriture plus substantielle qu'au camp. Les autres continuent à mourir de faim; ils n'ont qu'un repas de plus par jour ou une maigre ration supplémentaire; la quantité de pain et la qualité de la soupe restent immuables. L'infirmerie se repeuple bientôt de ces malheureux, embauchés, après six mois de privations, pour rouler des wagonnets onze heures par jour. Ils reviennent épuisés. Les néphrites sont particulièrement fréquentes; toutes ces farines délayées, produits d'une chimie malfaisante, cette vie de fauves en cage intoxiquent lentement mais sûrement. Oh! la Kamelote, la Kontrefaçon, et la Kultur boche, qui d'entre nous pourrait les oublier?

Ce matin il nous revient des mines un réserviste dout le bras broyé entre deux wagonnets a dû être amputé. Échapper à la guerre et se faire estropier comme prisonnier! L'Allemagne paiera-t-elle plus tard sa prime d'assurances?

Le 12766, un Vendéen, mon vis-à-vis, vient de partir pour l'hôpital; il était si faible qu'il pouvait à peine parler; tout juste s'il eut la force de recevoir les derniers sacrements. Moins d'une semaine plus tard nous apprenions sa mort. Chaque jour une petite voiture, traînée par des soldats français, escortée de deux sentinelles, emporte au lazaret de la ville les plus gravement touchés d'entre nous. Ceux-là en reviennent bien rarement! Ils dorment éternellement seuls dans le cimetière d'exil; les êtres qui les ont aimés ne verront jamais leurs tombes. Parfois leurs camarades de section sont autorisés à suivre ces lugubres funérailles. Un piquet de *landsturm* rend les derniers honneurs; quelques femmes viennent prier, de celles sans doute dont les fils dorment aussi sur une terre étrangère, aux frontières de France ou de

Russie. Elles s'élèvent au-dessus des haines que suscite la guerre, unies dans une même communion de détresse à la mère du petit soldat en pantalon rouge qu'elles accompagnent à sa dernière demeure.

Une quête a été faite afin d'élever un mo nument à tous ces morts;

CENSURÉ

11 avril.

Le *Petit Bruxellois* et la *Gazette des Ardennes*, salmis de canards cuisinés spécialement à l'usage des pays occupés et des camps de prisonniers, nous parviennent régulièrement. Il est rare que chaque numéro ne contienne pas un dithyrambe à la gloire de MM. Caillaux, Hervé et Clemenceau. Jugent-ils les Français aussi « gogos » que les Allemands? Ces feuilles de chou le feraient croire.

Premières hirondelles. La grande offensive serait commencée; espérons toujours!

12 avril.

Visite des consuls suédois et espagnol. De temps à autre de beaux messieurs à la mine florissante et réjouie visitent le camp, que tous s'accordent à reconnaître comme un modèle du genre. Ils goûtent la soupe dans le fond de la marmite où la viande et la farine se sont accumulées, passent en revue les compagnies astiquées depuis la veille, posent une question au hasard et s'en vont satisfaits, sans approfondir leur enquête, reprendre la vie mondaine avec le plaisir que donne la misère côtoyée : *Suave mari magno...*

18 avril.

Trois mille prisonniers du camp de Darmstadt viennent d'arriver sous prétexte de travailler. Ils sont chargés de ballots informes, de caisses, de sacs, et leurs uniformes ne le cèdent en rien aux nôtres comme déguenillement et mélange hétéroclite. Des camarades de régiment se retrouvent et s'interpellent : « Eh! les six six (66). — Eh! le 143. » Les histoires recommencent depuis la Belgique et la Marne jusqu'à leur dernière villégiature. Pour eux la frontière était proche, plusieurs ont réussi à s'évader.

20 avril.

Rien toujours! En mars les journées étaient trop courtes; les terres détrempées s'opposaient aux effets d'artillerie, mais maintenant? Je lutte contre un doute très petit d'abord et aussitôt repoussé : « Belle Philis, on désespère alors qu'on espère toujours! »

Garros prisonnier! victime lui aussi de la sinistre panne. Les journaux exultent. La cage sera bien petite pour ses grandes ailes!

21 avril.

« La grenouille » part, ayant obtenu de l'avancement près du front. Elle a terminé sa carrière par un furieux accès de vaccin : les 10 000 prisonniers y passeront chacun

17

cinq fois pour le typhus et le choléra. J'ai pu
échapper jusqu'ici à l'arrêt fatal et rester à
l'infirmerie, lieu de délices auprès des compagnies. Ma fièvre est partie depuis longtemps ; je vais aussi bien que possible.

Ce soir, premières aubades du rossignol,
plus de tristesse ; sûrement avant le 15 mai
le grand coup déclenchera.

22 avril.

Le cachot pleut en ce moment! B...,
hier, sept jours : « A été rendre visite à son
cousin malade à la compagnie voisine! »
L..., trois jours : « A envoyé derrière les grillages des baisers à une jolie (?) femme. » Un
officier qui se trouvait là crut que c'était une
injure. G... a insulté un chien accompagnant
une sentinelle dans les baraques ; il a simulé
son jappement : « Le chien était dans l'exercice de ses fonctions, en service commandé,
il représentait l'Empereur autant que les
sentinelles, » a dit le capitaine. Deux infirmiers, M... et L..., chacun quinze jours : ils
recevaient l'*Illustration* et de l'alcool depuis
plus de deux mois, grâce à la complicité d'un
Boche. Leur voisin de lit, un Franco-Belge, les

a vendus. Impossible de compter le nombre de ceux qui subissent des jours et des semaines de cachot pour avoir fumé à l'extérieur des baraques. Le régime est exceptionnellement sévère : plus de lettres ni de colis durant tout le temps de la peine, une cellule sans fenêtre avec seulement un soupirail ; on y gèle la nuit, on y cuit le jour ; à peine la place de s'allonger ; 300 grammes de pain, de l'eau, une soupe tous les deux jours, une paillasse toutes les deux nuits. Fouille sévère à l'entrée, défense de lire et de fumer. Au bout de trois semaines, les pauvres diables n'ont guère bonne mine.

23 avril.

Des « poilus » arrivent ; ce surnom n'était pas d'usage de notre temps. Ils portent le nouvel uniforme bleu horizon et disent leur hiver en tranchées, la vie de taupes, les pieds gelés dans l'eau et la boue, l'attente énervante si contraire au caractère français. A Mesched, leur première villégiature avant d'échouer ici, ils n'avaient ni cantine, ni argent, ni colis, six ou huit d'entre eux mouraient chaque jour, nous ont-ils assuré. Leur confiance est sans bornes : « Nous les aurons quand nous voudrons. » Vivons de ces bonnes paroles, mais qu'une miche de pain blanc y aiderait puissamment ! Celui qui vient de France est moisi ; les Boches le donnent à leurs cochons.

26 avril.

Le camp verdit tout d'un coup. Jusqu'ici les alternatives de froid et de pluie semblaient paralyser l'effort du printemps. Des toilettes claires de plus en plus nombreuses et élégantes circulent autour des grillages, les bébés jouent bras et jambes nus, d'innombrables martinets et même quelques « Aviatiks » tourbillonnent au fond du ciel merveilleusement bleu. Mais les parfums de la terre allemande qui montent le soir n'éveillent en nos narines aucune « douce souvenance » et le visage de Phœbé elle-même semble hostile et étranger les soirs de clair de lune : « L'exilé partout est seul ! »

29 avril.

Au dîner, sur la table familiale, de nombreuses bougies illuminant une appétissante

brioche auraient fêté mon jour de naissance.
Vingt ans déjà de cet autre anniversaire dont
je me souviens comme s'il datait d'hier : ma
tête ne dépassait pas le marbre de la cheminée où j'étais adossé. Gravement mon père
me parlait : « Tu sors de l'enfance, tu entres
dans la grande période des examens à passer, de la carrière à choisir puis à préparer
pour devenir un homme. Demain je te com-
mencerai le latin. » Je pleurai beaucoup le
soir dans mon petit lit de fer devant cette
peu réjouissante perspective. L'âge d'homme!
qui m'eût dit alors que j'en vivrais les plus
belles années, les années de guerre et de
Revanche, en prison, en exil. Comme il
passe sans qu'on s'en doute, le printemps
de la vie!

4 mai.

Hier, dépêche à 2 heures. « 150 000 Russes
prisonniers. » Aussitôt drapeaux de claquer
au vent, cloches de sonner à toute volée en
ville, fusées et pétards de crépiter durant la
soirée. A 8 heures, seconde dépêche : il
s'agissait seulement de 3 500 prisonniers,
descendus à 1 700 ce matin. Le *Leipziger*

et autres journaux ragent de cette inconve-
nante plaisanterie.

6 mai.

Nous attendons d'une minute à l'autre la
réponse de l'Italie à l'Autriche. Va-t-elle se
décider à marcher depuis le temps qu'elle en
parle?

Les hannetons ont fait leur apparition; on
les abat à coups de serviettes, de balais ou
de képis; on leur attache un fil et un papier,
ils volent le matin sous le nez des Boches
ahuris et égayés soudain par l'esprit de ces
diables de Français. Nous les émerveillons.
Ils ont beau essayer d'entamer notre courage
et notre confiance par les nouvelles les plus
insensées, qu'eux-mêmes gobent avec une
facilité d'engoulevent, nous leur éclatons de
rire à la figure. Si un vent de tristesse souffle
sur le camp, du moins ne courbe-t-il pas
toutes les têtes au même moment, et la ma-
jorité des optimistes l'emporte toujours sur
les pessimistes. Quelquefois, nous les prenons par le sentiment : ils se déboutonnent
et nous confient leurs angoisses; la cherté de
la vie, les appels de l'or, le recensement du

cuivre, le rationnement des aliments; ils versent des larmes sur la veuve et l'orphelin, sur les hécatombes effroyables, vantent les douceurs de la paix, du *heimat* (1) dont ils sont depuis si longtemps tenus éloignés. Sur ces plaies vives nous versons sous forme d'insinuations candides les plus mordants acides, avec une joie satanique; ils frémissent quand nous déclarons d'un ton dégagé que la guerre peut durer encore un an ou deux.

Au fond ils nous envient. Évidemment ils sont élevés dans l'idée que la *Kultur* est la première des civilisations, Berlin la plus magnifique des capitales; ils le croient, « le Kaiser l'a dit ». Mais il y a tout de même ces Français légers, artistes débrouillards, ce petit Paris surtout, la capitale du plaisir. Ah! Paris! la ville rêvée, convoitée, seule comparable à l'immense Allemagne. Un de nos camarades, peintre de talent, a fort joliment orné la « carrée » de sa baraque de frises au pochoir et d'estampes représentant des girls anglaises, des compères et des commères de revue en grande tenue... ou sans tenue. Tous les officiers du camp viennent rendre hommage à son travail, joyeux

(1) Le « home ».

symbole du génie parisien, **et poussent des**
« Ah! Paris! » admiratifs qui flattent l'auteur
tant il y sent l'hommage à la France. C'est
presque touchant de la part de ces êtres
élevés dans l'orgueil kolossal de leur patrie
allemande. Les musiciens, chanteurs, mode-
leurs, sculpteurs, dessinateurs, acteurs de
notre camp les émerveillent. Il n'y a pas de
place chez eux pour ces petits côtés de l'art
exercé au point de vue lucratif et qui sont
au contraire si développés chez nous. Par
exemple, ils ont gardé l'esprit militaire, ré-
servoir ultime de force, véritable casemate
de poudre d'une nation; ils sont plus obéis-
sants, plus disciplinés que chez nous, plus
sobres aussi. « Vous buvez trop, vous aimez
trop, » nous disent-ils souvent; « la France
est la patrie du fils unique et des célibataires.
Vous avez été les banquiers de l'Europe;
nous, nous gardions notre argent pour vous
faire la guerre. » — Que répondre?

Leur bêtise et leur lourdeur sont incom-
mensurables. Jamais ils n'ont pu compter
une corvée de prisonniers. Ils sont obligés
de crier pour se donner du courage comme
des enfants timides qui ont peur et la moindre
revue est toujours l'occasion de glapissements
sans raison. Quelquefois leur physionomie

passe du rouge au noir, puis au bleu, sous le coup d'une violente colère ; ils tirent leur sabre ; nous les regardons froidement dans les yeux, avec une fierté qui les étonne. Pauvres Boches, de quels surnoms sont-ils affublés ! Mille gueules, le Cocher de fiacre, Sac-au-dos, Rabiot de tripes, Café Hole, le Jeune homme de Bonne Famille ; j'en passe, et des meilleurs. Et quelle est leur suffisance, leur crédulité, leur confiance enfantine dans le Kaiser et la force de l'Allemagne !

Le manque de tact est la marque de fabrique du Germain. Je demande un jour au médecin allemand une petite bouteille de vraie teinture d'iode. Le lendemain il me remet le flacon, que je propose aussitôt de payer : la bouteille portait l'étiquette d'un pharmacien de Toulouse et provenait du colis d'un prisonnier. Trois camarades sont appelés un jour chez le commandant du camp qui, voulant être aimable pour eux, emplit leurs poches de tabac, chocolat, sardines volés également dans nos paquets ! Pris d'un accès d'amabilité, la « Grenouille » offre un jour à mon ami W... un saucisson d'honneur, enveloppé au préalable d'un *extrablatt* annonçant une grande défaite française.

La *Kultur* allemande, n'en déplaise à

Messieurs les *herr doktor* à lorgnons d'or d'outre-Rhin, est loin d'être aussi raffinée que notre modeste civilisation latine, et plus d'un de leurs officiers pourrait recevoir d'utiles leçons de nos simples soldats, témoin le capitaine de la cinquième compagnie disant à un prisonnier : « Nous ne sommes pas du tout forcés de vous renvoyer vivants. » Tel encore ce lieutenant allemand qui répondit à un de mes amis : « En temps de guerre, il n'y a plus de parole d'honneur. » Je dois pourtant à la vérité de dire qu'ici les sévices sont l'exception. On vous laisse scientifiquement mourir de faim et de misère; mais on ne vous maltraite pas, du moins en Saxe.

Nos capitaines de compagnie écoutent en général avec la plus grande bienveillance les innombrables réclamations dont ils sont assaillis. Ils reconnaissent l'insuffisance de la nourriture et s'efforcent, soutenus en cela par le commandant du camp, d'augmenter la consistance des soupes, ou d'élargir les privilèges de vente de viande ou autres denrées à la cantine. Eux-mêmes le disent : « **Les ordres viennent de Berlin, nous ne pouvons rien.** » Là encore les barbares institutions germaines corrompent les hommes. Avec les sous-officiers et caporaux de compagnie, les relations sont en général possibles. Ils nous ravitaillent malgré la défense et surtout nous apportent de ces mille riens achetés en ville dont nous avons sans cesse besoin. La cuisine sur les poéles est interdite l'hiver quand ils sont allumés, l'été à plus forte raison. Malgré leur sévérité sur tout ce qui touche à la discipline, les Allemands ferment les yeux sans approfondir l'origine du bois brûlé — qui ne tombe pourtant pas du ciel, — conscients de la nécessité où nous sommes d'améliorer un peu notre ordinaire. Beaucoup de nos camarades, jouissant d'une santé robuste et soutenus par les colis de la Croix-Rouge et de leur famille, arrivent à trouver supportables les conditions matérielles, si tant est que des hommes puissent vivre pendant des mois et des années de conserves, de pommes de terre, de soupes à l'eau et de la privation complète de la liberté.

9 mai.

Au loin autour du camp fleurissent d'innombrables vergers et les clochers rouges de la ville émergent au nord entre les branches des peupliers dont j'ai vu tomber les feuilles sans penser les voir reverdir. Nous nous asseyons en amphithéâtre derrière les grillages durant les chaudes après-midi du dimanche pour regarder passer des théories de promeneurs. Le plaisir est-il pour eux de nous considérer ou pour nous de les dauber avec toute la gauloiserie dont la langue française est susceptible? Eux aussi sont prisonniers, encerclés dans leur immense empire dont ce camp n'est qu'une parcelle entourée de leurs soldats. Les hommes, bien moins nombreux qu'aux premiers jours, vont tête nue, le col de chemise rabattu et ouvert, sac au dos, lunettes au nez; les femmes, toutes de blanc vêtues, semblent de vieilles caricatures des modes parisiennes. La guerre a dû arrêter l'importation du corset français : leur chair opulente déborde de partout et ballotte dans la marche. Nous tînmes des jolies une comptabilité spéciale : en trois mois il en fut compté une, et trois passables. Leur approche est signalée par des cris se répétant de groupe en groupe et chacun se précipite vers le grillage afin de mieux voir.

Mais que d'enfants! depuis les tout petits entassés deux et trois par voiture ou accrochés aux jupons de leur bonne, jusqu'aux

garçonnets, aux fillettes des écoles primaires,
aux jeunes gens, aux jeunes filles des lycées
qui défilent jambes et têtes nues, drapeaux et
fifres en tête, canne sur l'épaule comme un
fusil. Le moindre gosse naît en Allemagne
avec un casque à pointe. Des gamins de cinq
ans jouent à la guerre avec des sabres de bois,
marchent au pas de parade, font l'exercice
le dimanche durant deux heures sous les
ordres de leurs instituteurs, qui auront joué
en 1914 le même rôle qu'en 1870. Les fêtes
patriotiques, les anniversaires de la famille
régnante sont célébrés avec vénération, et
toujours l'armée a sa part dans ces réjouissances. Le militarisme prussien! Mais c'est
toute la nation allemande!

13 mai. Ascension

« Souffrir passe, avoir souffert demeure
éternellement. » « Courage, résignation »,
nous écrit-on de toutes parts. En attendant,
une balle dans la tête eût mieux valu que
cette vie inutile et croupissante! Les Russes
reculent toujours; en France, pas d'offensive; on nous oublie, nous avons cessé d'être
utiles, nous sommes ceux qu'on plaint, nous

ne serons jamais plus ceux qu'on envie et pour qui l'on tremble. Et pourtant, si l'on savait la force de caractère qu'exige chacune de nos minutes ici, quelle compassion nous susciterions !

14 mai.

Froid si subit que les poêles sont rallumés et que nous restons tous au lit pour avoir chaud.

Un brave mineur profite de ce repos forcé pour conter son odyssée bien curieuse. Avec deux mille camarades survivants comme lui des premières batailles de Belgique, ils se cachèrent dans les forêts de Dinant et y vécurent d'août à février, couchant dans des grottes, se nourrissant de pommes de terre en silo qu'ils volaient la nuit dans la campagne ou que les habitants leur procuraient, arrêtant ou dévalisant les convois de ravitaillement allemands. Par petits paquets de cinquante à cent, ils passaient peu à peu la frontière hollandaise, tentative où il échoua, ce qui lui vaut d'être ici.

Extrablatt de ce soir : « L'Italie est en pleine révolution, le ministère renversé, le roi a démissionné. » « Ça y a bon », disaient les Sénégalais.

Les Bourses de Paris et de Petrograd sont en hausse ; le change baisse depuis quelques semaines ; de 81 à notre arrivée, il a passé à 91 ; ces indices relèvent les courages.

15 mai.

Le soir tombait après une brillante journée. Accroupis par terre, nous regardions les derniers promeneurs ; trois jeunes filles et leur gouvernante en toilettes claires, avec des ceintures rouges, de grands panamas presque coquets relevés sur un blond catogan. Depuis longtemps, elles sont un peu nos amies ; souvent, à la nuit tombante, elles passent autour du *gefangenenlager*. Des soldats au *feldgrauen* (1) uniforme déjà invisible au crépuscule les ont croisées, leur racontant avec force gestes quelques drolatiques aventures de campagne, sans doute les bons tours qu'ils ont joués à « ces chiens de Français ». Elle doit être bien amusante, leur histoire ; les trois jeunes filles rient à gorge

_____

(1) Vert de champ.

déployée, sur un ton suraigu, et la vieille
duègne elle-même se tord en deux sur son
ombrelle, en d'ineffables contorsions. Leurs
pieds sont énormes, leurs cheveux filasse,
leur teint trop pâle, et pourtant nul d'entre
nous n'a eu la tentation de les railler selon
l'habitude : leur gaieté nous a fait mal; ceux
qui ont souffert de la captivité perdent le
sens du rire. Puis elles nous rappellent d'autres robes claires, d'autres cheveux blonds,
d'autres sourires qui éclairent là-bas, derrière la ligne de feu où le soleil s'est maintenant couché, de frais visages qu'à travers la
brume humide de nos yeux il nous a semblé
revoir soudain.

En face, dans les marais, les canards sauvages après deux orbes audacieuses rega-
gnent leur nid; un sansonnet au creux d'un
peuplier apporte à ses petits une dernière
becquée; la fauvette et le rossignol ont commencé à remplir de leurs trilles les buissons
d'à côté. De la terre surchauffée montent
les invincibles parfums du printemps. Les
trois jeunes filles sont parties avec les
soldats, leurs rires perlent encore, les robes
claires s'éteignent dans l'ombre, et la sentinelle passant avec son chien nous a jeté
un regard de moquerie. Chacun a regagné

sa baraque en silence ; soudain nous avions très froid.

16 mai.

Je n'ai rien dit aux autres encore ; à quoi bon communiquer ses tristes pressentiments ? Mais j'ai la certitude que nous ne reviendrons pas cette année ; alors quand *les* reverrai-je, quel jour ? à quelle heure ? en quelle saison ? fera-t-il très froid ? et sur la terre gelée ma mère toujours l'oreille au guet reconnaîtra-t-elle de loin mon pas pressé ? ou bien la neige assourdira-t-elle ma marche ? Sera-ce dans la splendeur de l'été, quand les acacias sous ma fenêtre ne sont plus que d'énormes boules de fleurs, ou à l'automne qui sème l'or dans les campagnes, pour se faire pardonner l'hiver tout proche ? Arriverai-je le jour, à l'heure qui les réunit tous à la table familiale, ou le soir quand la lampe brille derrière la fenêtre ? Je frapperai à la porte : « Ouvrez, au nom de Dieu, c'est votre enfant qui revient d'exil ! » Seront-ils encore là ceux que j'ai laissés ? Si j'allais trouver la grande maison vide ? Aurai-je seulement la force de vivre des mois, des années, en attendant cette minute-là ?

18

19 mai.

Infirmiers et majors vont nous quitter, paraît-il, et seront remplacés par des Allemands. Pauvres de nous. Nous y gagnons, en attendant, des paillasses fraîches et des draps, luxe inconnu depuis huit mois.

Aux compagnies, chacun cultive sur l'appui de la fenétre un vague jardin. Ici une simple touffe d'herbe dans une vieille boîte de lait conservé, là un oignon, quelques violettes, trois radis dans un quart, tant il est inné chez l'homme ce besoin de fleurs et de verdure. Avec la chaleur, les prisonniers simplifient leur habillement et vivent deminus. Certains couchent dehors, sous des tentes improvisées avec leurs couvertures, et passent leur temps à s'asperger d'eau. D'ingénieux chapeliers, utilisant les toiles blanches des colis, lancent une nouvelle mode de panama à armature de fer, genre chapeau colonial, qui fait fureur près des élégants. Le soir, la soupe servie, les parties de barres, de quilles, de palets, les matchs de ballons contre les équipes anglaises et écossaises obtiennent grand succès. La circulation est intense la nuit, de compagnie à compagnie, à travers les grillages, à la stupeur des Boches qui ne peuvent comprendre l'astuce des Français à enfreindre les règlements. On se reçoit à dîner, à boire du thé ou de la limonade. Bref la vie ne commençant plus qu'à six heures du soir, les journées se passent à lire et surtout à dormir. Dans chaque compagnie une troupe de comédiens ou de chanteurs organise le dimanche après-midi une matinée artistique annoncée par de grands placards illustrés. Ceux de Mesched ont même apporté avec eux leurs décors et leurs costumes. Après la torpeur de l'hiver, la vie intelligente reprend le dessus. Tout cela serait charmant ailleurs qu'ici.

22 mai.

Nous attendons toujours la réponse de l'Italie : G... arrive en courant : « Ça y est ! » une sentinelle s'est écriée : « Mandolinistes, boum ! boum ! » B... vous prend le bras : « Tuyau sûr ; l'infirmier allemand m'a assuré qu'un *extrablatt* d'hier soir annonçait la déclaration de guerre. — Ah ! dit Z..., le feld-webel de notre compagnie s'est écrié ce matin après le rassemblement : « C'est malheureux pour vous, la guerre allait finir dans deux mois; les Russes sont repoussés; contre la France, quelques semaines suffisaient; maintenant, il va falloir battre l'Italie et vous après. » — Il est certain qu'ils sont d'une humeur de chien, ce qui présage toujours quelque chose de bon. Les paris sont ouverts : Marchera-t-elle, ne marchera-t-elle pas? Si oui, peut-être serons-nous à Noël à la maison; sinon, dans un an, deux ans, qui peut savoir? Et nous, insouciants enfants du plus charmant pays du monde, qui partions bravement à l'assaut en pantalons rouges avec une mitrailleuse par compagnie, pensant terrasser en trois mois un monstre nourri pendant quarante-quatre ans en vue de la guerre et d'un rêve d'annexion mondiale, comment la vérité a-t-elle mis si longtemps à nous pénétrer? Penser que nous avons vécu dans l'espoir de voir tout fini à Noël, puis à Pâques, puis en août au plus tard! Ils se chargent de nous apprendre la patience et la méthode; ne sont-ils pas en train de construire deux nouveaux lazarets et une série de baraquements spéciaux en vue d'épidémies toujours possibles? Croient-ils donc que cela ne finira jamais?

24 mai.

Hourrah! l'Italie a déclaré la guerre. Je bondis dehors voir « leurs têtes. » Justement le Boche de garde à la porte de l'infirmerie parle un peu français, ayant séjourné à Paris. Blessé une première fois près de l'Yser, une seconde fois sur le front russe, il repart dans quatre jours : « Les Italiens? nous ne les craignons pas; nous bombarderons leurs églises saintes et leurs couvents, ce qui jettera aussitôt le trouble dans leurs armées et dans leur pays. La *Kultur* est la première civilisation et doit être imposée au monde. » Sans commentaires !

25 mai.

Un Parisien est arrivé atteint d'une néphrite aiguë... Il a le hoquet jour et nuit.

26 mai.

En ce moment, les prisonniers mènent une vie de villégiature d'été. Ils arrivent, repartent, ne restent pas trois semaines au même endroit. Les Russes surtout circulent énormément, sans doute en témoignage des 100 000 hommes capturés chaque samedi. L..., mon pilote, m'a brusquement quitté et part demain pour une destination inconnue encore. Avec lui s'en va le dernier souvenir du passé. La voilà donc interrompue cette amitié trempée dans les dangers de la guerre, les minutes de l'effroyable chute, les mois de captivité. Finies les discussions, les suppositions interminables sur ce que nous aurions pu faire, sur les « si », les « peut-être » que l'imagination la plus désespérée peut suggérer. Envolés les rêves, l'enthousiasme, les regrets de ne pas voler en apprenant les exploits des autres, terminés les récits des étonnantes aventures de la vie « là-haut. » Lui aussi, quand le reverrai-je?

31 mai.

Encore un mois de passé ; les journées sont splendides et brûlantes, le ciel bleu pâle va en s'adoucissant au lilas, puis au gris laiteux jusqu'à la ligne légèrement brumeuse de l'horizon ; pas un nuage, plus de fleurs, tout est vert de cette teinte claire de mai. A la cantine, on vend toutes espèces de légumes : salades, poireaux, oignons, petits pois, même des cerises et des fraises, du rôti de porc et du veau froid. Tout est cher, mais permet de varier un peu l'ordinaire et d'éviter les conserves si rebutantes à la longue et quand il fait chaud. D'ailleurs la nourriture est elle-même en très léger progrès. Une fois par semaine, on sert un « rata » avec un peu de viande, on nous donne aussi une boisson rafraîchissante et une insipide décoction de feuilles de cassis. Par exemple, les journées ne passent plus : il fait clair de 3 heures à 8 heures du soir. L'hiver, nous dormions davantage ; le mauvais temps rendait l'inaction et l'attente plus supportables. Les malades déclarent aux bien portants : « Si nous étions robustes comme vous, nous ne serions pas découragés. » Et les bien portants de répondre : « Si nous étions malades comme vous, nous serions occupés de notre santé et moins du temps qui nous pèse. »

L'état du Parisien empire ; il a maigri, en cinq jours, d'une façon effrayante. Son corps se vide en d'affreuses coliques, se soulève tordu par cet horrible hoquet en un mouvement rythmique qui comme celui de la respi-

ration n'arrête jamais. La nuit même son râle
« hog! hog! » retentit à travers l'infirmerie
et empêche les malades de dormir.

5 juin.

Przemysl est repris, Lemberg assiégé ; les
drapeaux nous ont appris cette nouvelle
avant-hier. En France, aucune avance. Que
signifie alors cet ordre du jour de Joffre
« qui en six semaines doit délivrer la France
et la Belgique puis tirer son épée vers le cœur
de l'Allemagne dévastée » (1) ? Carency, plus
défendu qu'une forteresse, a dû coûter cher
à enlever. — Trente avions français jetèrent
des bombes sur le quartier général allemand.
Depuis quelque temps ces incursions de nos
camarades paraissent les inquiéter. Le Kaiser
parle lui-même d'une seconde campagne
d'hiver ; la surveillance des sentinelles se resserre ; les vieux sont partis ; des blessés en
convalescence, des réformés sans prestige,
de jeunes classes à figure poupine les remplacent désormais.

(1) Nous pûmes vérifier plus tard que la plupart des pré-
tendus ordres du jour du généralissime français étaient de
pures inventions allemandes.

Au camp désertique et morne, nous restons 800 sur 10 000 ; chacun erre mélancolique à l'affût de la moindre nouvelle. La chaleur est accablante : pas une goutte d'eau depuis la fin d'avril. De temps à autre seulement des vents glacés et desséchants soulèvent la poussière en furieux tourbillons au milieu des cours, devenues inhabitables, et la poussent jusque dans les baraques. Ce climat tout de contrastes est terrible à supporter. Le soir les moustiques, rassemblés en nuages bourdonnants, nous empêchent de sortir. Les Allemands aussi se plaignent du soleil qui a séché la terre, la recouvrant d'une croûte dure. Encore quinze jours et leur récolte de pommes de terre déjà très atteinte sera plus qu'à moitié compromise. Le blé grille sur pied, le foin jaunit sans pousser. Les journaux recommandent de nourrir les animaux avec des feuilles de pommes de terre et de betteraves. Ils se plaignent que « leur bon vieux Dieu allemand les oublie ».

A 3 heures du matin, le hoquet du Parisien s'est arrêté. Son voisin, étonné de ce silence soudain, s'est levé. L'homme était mort tout seul sans se plaindre, sans parler, et l'infirmerie est redevenue silencieuse.

11 juin.

La fièvre, accompagnée de maux de tête et de saignements de nez, m'a repris brusquement. Les majors, indécis s'il s'agit d'un coup de soleil, d'un accès de malaria, ou d'une paratyphoïde, m'ont mis à la diète complète ; seulement un peu d'eau sucrée à boire. La baraque est plus étouffante qu'une fournaise ; chaque soir le temps se couvre, les éclairs brillent, et l'orage passe, nous laissant plus abattus encore. Une petite ondée rafraîchirait bien à propos nos cerveaux en feu ; mais mieux vaut souffrir et qu'ils n'aient pas d'eau pour leur récolte !

Un pauvre ouvrier du Nord, en veine de confidences, me peint son intérieur misérable : six enfants, une mère toujours malade ; il me conte ses peines et ses joies : « Nous apprenons le prix du bonheur que nous ne connaissions pas », dit-il avec un soupir. J'évoque en pensée la mansarde, les petits affamés autour de la mère sordide. Quelles souffrances ne faut-il pas pour inspirer le regret d'une telle vie !

22 juin.

La diète m'affaiblit au point que je ne puis même pas rester assis au lit sans vertige, mais rien n'a pu couper la fièvre, arrêter les maux de tête et les saignements de nez. Les mouches nous torturent. Enfin, les interminables jours vont diminuer peu à peu. La sécheresse continue impitoyable ; c'est notre unique consolation. Soupe aux cosses de fèves ce matin : à quand l'écorce et les feuilles des arbres ?

23 juin.

Lemberg est repris ! Grande joie, me disent les camarades ; il n'y a plus de raison pour que cela finisse.

Mon voisin de lit, un brave homme, père de trois enfants, s'éteint de consomption générale. Il ne reste que la peau sur sa malheureuse carcasse, à tel point que l'infirmier ne sait plus où piquer sa seringue à morphine. L'aumônier est venu l'administrer au milieu du tapage et de l'indifférence ordinaire de la chambrée : nous en avons vu tellement mourir ! Le prêtre se penche et parle doucement à son oreille. A la table voisine les joueurs de cartes n'interrompent même pas leur partie. « Manille, manillon ! » — « Mais coupe donc, si t'as l'as d'atout ! » A-t-il compris, lui dont le regard est déjà vitreux, les paroles que murmurait le prêtre en pantalon rouge ; vers la fin, il me sembla que son visage décomposé s'éclairait faiblement. Les infirmiers boches, touchés de tant de misère, lui ont donné un peu d'alcool : il passera sans s'en apercevoir.

25 juin.

La pluie ayant rafraîchi la température, j'ai pu sortir un moment dans la cour. Le major a ajouté quelques biscuits à mon eau sucrée. Les infirmiers anglais sont partis, les nôtres vont les suivre dans quelques jours avec un convoi de grands blessés dont on dresse les listes.

Mon voisin de lit est mort à 8 heures du soir. A 4 heures, il s'est endormi les yeux grands ouverts, les pupilles chavirées. Nous suivions l'ondulation précipitée de son étroite poitrine, dont les côtes coupent la chair mince et parcheminée, qui seule indiquait encore la vie. Tout autour les mouches s'étaient déjà rassemblées en vol obsédant. Peu à peu le rythme se ralentit, la tête s'inclina sur le traversin, tout resta immobile. L'instant d'après il est roulé dans son drap et emporté dans l'*isolir*, où veillent, patients et fidèles, une demi-douzaine de cercueils jaunâtres qui attendent leur emploi. Ses pauvres affaires, ses dernières petites provisions ont été partagées, son lit refait, l'inscription à la craie effacée. Voici un quart d'heure à peine qu'il est mort, et je ne sais même plus son nom. La place est prête, un autre viendra demain. Elles sont impressionnantes par le calme, l'indifférence et la solitude qui les entourent, ces morts en terre ennemie. Personne pour une dernière pression de main, un regard d'adieu avant le grand voyage; personne à qui confier une pensée à transmettre aux êtres chers. Personne! toujours personne! Et pourtant la perspective de mourir ici, qui ne me serait pas venue les premiers temps, ne m'émotionne même plus désormais!

Voici un mois presque terminé. Il fait chaud; je grelotte de fièvre. Les hommes

comptent 364 demain matin. Un an encore,
un an de la même existence, des mêmes souffrances, des mêmes mois, des mêmes saisons !
A quoi bon vivre ? Pourquoi prier ? Que sert
d'espérer ? Pourquoi ne nous sommes-nous
pas tués en tombant ?

                                    Offenburg, 5 juillet.

Dans huit jours je serai peut-être en
France ; c'est trop beau pour être possible !
A la dernière seconde, avant-hier, j'ai été
inscrit sur la liste d'échange ; à 11 heures du
soir, après de touchants adieux aux camarades, je quittais le camp. La nuit était claire
et tiède, des effluves de foin coupé embau-
maient l'atmosphère ; on dit que nous nous
attachons aux lieux où nous avons le plus souffert, et pourtant lorsque je franchis le seuil de
cette prison où j'entrais voici neuf mois déjà,
par une brumeuse matinée d'octobre, je n'y
laissai rien de moi. Les invalides se sont
entassés dans des charrettes de colis attelées
de prisonniers. Les autres suivirent en colonnes par quatre, traversant la ville près de
laquelle ils ont vécu une année sans la connaître jamais. A la gare, un immense convoi

de blessés venus de différents camps et dirigés aussi vers Constance, point de ralliement de l'échange, attendait déjà. Au fond des
ténèbres, sur cette ligne où chaque jour nous
regardions le train passer, ce train qui doit
nous ramener en France, les lumières de
Mersebourg se sont éteintes à jamais.

Tout le dimanche nous avons roulé à travers la Saxe, la Thuringe pittoresque, le
Wurtemberg, le grand-duché de Bade, dominé par les sombres sommets de la Forêt
Noire. Les rares civils, promeneurs, voyageurs, ou badauds lassés et taciturnes, nous
regardent passer avec indifférence. Des trains
spéciaux à couchettes emportent pour la
dixième fois peut-être les soldats du front
français au front russe. Quel contraste avec
l'arrivée! Une tristesse étrange pèse sur les
campagnes désertes, sur les champs de blés
étiques, sur les pommes de terre brûlées par
des semaines d'impitoyable soleil. Pas de
troupes en manœuvre ou en réserve dans les
villes traversées, où cependant l'activité industrielle ne paraît pas s'être ralentie. Qu'on
m'envoie maintenant dans une autre prison,
derrière des murs, des palissades, des fils de
fer barbelés, qu'importe! j'ai eu mon jour
d'été, durant lequel, comme un collégien en

vacances, j'ai joui des prés verts, des peupliers penchés sur de frais ruisseaux, des jardins fleuris... et de l'illusion de la liberté.

Des gares de planches avec d'immenses réfectoires, cuisines, infirmeries, etc... sont construites tous les cent kilomètres environ en vue des transports militaires. Le train s'arrête une demi-heure, juste le temps d'avaler une soupe ou une tasse d'eau chaude noire.

Nous pensions atteindre Constance ce matin, la joie animait déjà les traits pâlis des plus malades, lorsque, vers 7 heures, le convoi s'est arrêté à Offenburg. Les glapissements boches ont commencé; on nous embarque en automobiles vers un immense bâtiment transformé en hôpital, gardé par des soldats, et tenu par des religieuses franciscaines, dont l'une parle admirablement le français et paraît pleine de sympathie pour nous. Rien que la vue de leurs cornettes blanches m'a donné de l'espoir, car pas un instant, moi dont l'excessive maigreur est la seule blessure, je ne puis penser être échangé mais seulement transféré dans un autre camp.

11 juillet.

L'église catholique dresse sous ma fenêtre ses deux clochers blancs au pied des escarpements boisés de la Forêt Noire. Les soldats, militairement rassemblés, pantalon blanc, veste verte, casque à pointe, vont à la messe sous la conduite de leurs officiers et sous-officiers. Ici la religion est officiellement pratiquée. Les Allemands qui nous entourent paraissent pleins de confiance encore, ils commencent seulement à comprendre leur défaite de la Marne, mais sont inquiets de la possibilité d'une seconde campagne d'hiver. — Les Russes sont battus, les Italiens ne comptent pas, les Français seront définitivement anéantis, donc succès final. Un infirmier, ancien garçon d'hôtel à Vesoul qui parle fort bien le français, se répand en rageuses invectives . « Ah ! notre Kaiser s'est bien trompé ! S'il vous avait déclaré la guerre au moment d'Agadir, vous étiez irrémédiablement perdus, mais vous serez quand même écrasés, vous autres, sales Français, et votre Paris détruit ! Nous avons de tout en abondance, des vivres et des munitions. »

19

— « C'est pour cela, lui dis-je, que vous recueillez le papier d'argent? » (il venait d'en ramasser un fragment sur le parquet). Je n'ai entendu qu'un grognement. La population civile est au contraire sympathique. Des femmes, des vieillards, des enfants viennent voir « les pantalons rouges » et leur sourient avec intérêt et pitié; ils quémandent surtout des boutons d'uniforme. Dans la cour, sous la fenêtre, se tiennent en permanence des bandes de gamins et de fillettes en vacances qui courent nu-pieds sur l'asphalte du trottoir. Que d'enfants! que d'enfants toujours! Ils s'essaient eux aussi à parler français : « N'est-ce pas que nous ne sommes pas des *barbares?* » La voilà, l'injure qui depuis le paysan jusqu'au savant les a le plus atteints dans leur satanique orgueil.

La table est abondante et variée. Nous touchons cette fois le vrai régime du soldat allemand. Les sœurs me comblent de gâteries sans parvenir à réveiller mon appétit. Il n'y a guère ici que des estropiés, des amputés, des mutilés de tous genres. Va-t-on nous échanger? Les formalités devaient durer du 2 au 10 et nous sommes au 11! L'échange du mois de mai n'a pas eu de suite; n'en sera-t-il pas de même cette fois? Nous pas-

sons par toutes les alternatives de l'espoir et
de l'angoisse.

13 juillet.

Pluie et spleen! Partira-t-on? A la fin de
la semaine, prétendent les infirmiers. Chaque
matin un docteur passe la visite et redemande
inlassablement les noms, professions, blessures de chacun de nous. Il m'a examiné sur
toutes les coutures et m'affirme que je ne
serai pas échangé. Qu'importe... La frontière n'est pas loin; mieux vaudrait risquer
dix coups de fusil que de recommencer un
autre hiver.

Constance, 14 juillet.

Réveil brusque à 7 heures. « Vous partez
dans une demi-heure pour Constance! »
Dernier petit déjeuner substantiel, sous l'œil
vigilant des sœurs, tandis que le feldwebel
s'impatiente, et nous gagnons la gare. Un
train spécial de la Croix-Rouge militairement
gardé est à quai, mi-partie wagons de troisième classe et wagons-couchettes pour ceux

qui ne peuvent tenir debout. L'embarque-
ment commence, impressionnant spectacle.
De tous les hôpitaux de la ville arrivent sans
cesse des blessés, les plus atteints étendus
sur de légères civières; leurs yeux vitreux,
leurs pauvres figures ratatinées regardent
déjà la mort. Ceux qui peuvent se traîner se
hâtent de leur mieux; jambes raccourcies,
raidies, tordues, genoux énormes, pieds dé-
formés: les unijambistes béquillonnent sur le
trottoir de la gare; les amputés évacués de
Belgique emportent sur leurs épaules la
jambe articulée de cuir jaune que les civils
de là-bas leur ont offerte par souscription.
Entre deux camarades s'avancent les aveugles
rayonnant d'une joie grave; les manchots sourient, les trognes ravagées par la mitraille auxquelles il manque un œil, un nez, une bouche,
s'essaient à une sorte de rictus joyeux. Le
bonheur du retour prochain illumine les visages sur lesquels la souffrance de ces dix mois
de captivité, des opérations sans nombre, des
membres indéfiniment rebrisés, puis réparés,
— quelquefois, comme H..., avec de véri-
tables tortures voulues — a imprimé des
traces ineffaçables. De pauvres souffre-dou-
leurs ont subi depuis le mois d'août jusqu'à
quinze opérations au chloroforme.

Aux numéros cousus sur les képis, aux formes des calots, au mélange des boutons, aux passe-poils, aux croix peintes en jaune sur les vêtements civils, les hommes se reconnaissent et s'interpellent entre eux. Le mélange de tous les uniformes compose d'impayables accoutrements, tandis que des musettes pansues, brodées d'inscriptions, des caisses à margarine clouées en forme de valises, des ballots de chiffonniers à l'aspect le plus baroque emportent la fortune de chacun, hétéroclite ramassis d'objets bizarres créé par des malheureux dénués de tout.

Cependant le convoi s'ébranle, escalade en haletant les pentes magnifiques de la Forêt Noire, tourne, retourne à travers les pins et les hêtres, franchit les ravins et les cascades, traverse les prairies et les vergers rouges de cerises. Mais quel spectacle peut distraire ceux auxquels une amputation ne donne pas la certitude d'être échangés?

Dans la paix du soir, voici pourtant les hautes montagnes de l'Helvétie qui profilent sur le rose du couchant leurs sommets de neiges éternelles. Enfin une terre qui n'est pas allemande, qui touche la Patrie, un sol libre! En gare stationne le train de la Croix-Rouge suisse qui, dans une heure, va emme-

ner les heureux camarades désignés par la
fortune. Ils sont déjà assis dans leurs wagons,
calmes et silencieux. Demain matin, à l'aube,
la France les accueillera. Nos questions
volent : « Êtes-vous restés longtemps? —
Sont-ils sévères à la visite? — En gardent-ils
beaucoup? — Échange-t-on les sous-officiers? »

Nous repassons en auto le Rhin et prenons
gîte dans l'immense salle d'une caserne.
« Demain à 10 heures, la visite », précisent
les infirmiers. Chaque jour un convoi arrive,
un autre quitte la ville. Dans quatorze heures,
mon sort sera réglé. J'ai inspecté les lieux :
quoi qu'il arrive, *jamais on ne me ramènera
en Allemagne*, dussé-je périr; et dans cette
certitude confiante, je me suis endormi, lassé
de cette longue journée de voyage.

                                        15 juillet.

A 10 h. 30, grand émoi : « La visite! la
visite! » Mes jambes flageolent, je sens que
je n'aurai pas la force de marcher seul.
Les amputés, les « indiscutables » sont examinés par série de vingt. Tout va très vite.
Deux médecins suisses assistent les cinq

majors allemands pour la régularité des opérations et la discussion des cas douteux. C'est soutenu par un camarade et tremblant la fièvre, que je parais devant le docteur qui regarde en hochant la tête mes os perçant ma peau et mon teint blafard. « Suis-je bon pour partir? » On s'interroge réciproquement et, suivant la disposition du moment, chacun sort persuadé de rester ou de s'en aller. Je ne vis plus!

16 juillet.

L'inquiétude et l'émotion m'ont empêché de clore les paupières; je n'ai jamais vécu de minutes aussi angoissantes. S'il fallait repartir quand la liberté est là, à deux pas! L'admirable sérénité de H... me remonte le moral, mais lui paye d'une jambe son droit au retour!

17 juillet.

Le sergent colonial amputé, mon ancien camarade de l'infirmerie de Mersebourg, vient d'arriver tout joyeux. Venu ici en mai pour l'échange, qui n'eut pas lieu, il fut refusé dernièrement comme sous-officier et renvoyé dans un camp au fond du Hanovre ; vingt-quatre heures après, un ordre de Berlin autorisait son échange ; on le ramena à Constance après soixante-douze heures de voyage en six jours. Sa vieille pipe de bruyère fume cette fois comme vingt cheminées.

Le soir, un sergent infirmier allemand, homme d'un certain âge et d'une situation aisée, se hasarde à quelques confidences. Évidemment les événements se prolongent un peu à son goût, mais enfin : « Je suis démocrate, me dit-il, ce qui ne m'empêche pas de convenir que la force de notre Allemagne, c'est notre empereur entouré des rois, des princes, des ducs de tous nos petits États La noblesse doit par sa naissance faire partie de l'armée. Ainsi mon fils, auquel je donne beaucoup d'argent, ne peut être officier. » Je cite cet entretien tel quel ; nos socialistes continueront-ils à avoir confiance dans leurs camarades d'outre-Rhin ?

18 juillet.

Le calme revient : j'ai maintenant la certitude confiante que je reverrai ma Patrie ;

mon esprit, que je voulais encore retenir pour lui éviter une chute trop brutale à l'annonce d'un malheur possible, a déjà quitté l'Allemagne et voyage dans les coins les plus chers de mon pays.

Demain peut-être le départ! Est-ce possible?

19 juillet.

Attente paisible de la « liste » dans le plus impressionnant des silences. Les noms se rapprochent appelés en ordre par numéro de lits; plus que six... l'avant-dernier... le dernier! C'est le mien.

Sur cent soixante, presque tous s'en vont, même une douzaine de sous-officiers. Il en reste trois, insuffisamment blessés, dont un cas de folie douteux. A 3 heures, nouvelle émotion; deuxième lecture de la liste; un pauvre camarade, dont le nom a été lu par mégarde ce matin, doit rester. Une sentinelle l'emmène vers les baraques au fond de la cour. Quelle horrible déception!

A 4 heures, départ pour la gare. Nous retraversons le Rhin; le temps est radieux. Au fond du lac, uni comme un miroir, les

lointains sommets des montagnes étincellent,
tout roses ; les mouettes volent en gracieux
tourbillons : voici le train suisse ; dans une
heure le monstre aura lâché sa proie. Quelle
reconnaissance ne devons-nous pas au grand
Pontife qui nous a valu notre délivrance !
Qu'il reçoive ici l'expression de nos remer-
ciements enthousiastes.

Personne ne dit mot ; seuls les yeux parlent,
une flamme de fièvre flambe au fond des
prunelles ; les minutes s'écoulent, rapides
malgré tout. A 7 heures, le convoi s'ébranle :
le dernier casque à pointe, cauchemar de
dix mois, s'évanouit derrière le corps de
garde, le dernier Allemand, frappant à coups
de marteau l'essieu des wagons, murmure
entre ses dents : « Tout cela, c'est la faute
de l'Angleterre ! »

France, 20 juillet.

En une nuit et un jour j'ai traversé les minutes les plus inoubliables de toute mon existence, telles que je ne puis espérer en vivre
jamais de plus impressionnantes. Dangers,
exil, captivité, tout fut oublié : un rayon de
soleil ne suffit-il pas à dissiper les nuages ?

Comment dire le passage de la frontière, les premiers Suisses nous acclamant à deux pas des Boches? Surpris d'abord, nous nous précipitons aux fenêtres ; fleurs, provisions, drapeaux aux trois couleurs nous sont offerts de partout. A travers les frondaisons d'une terre amie, le lac s'assoupit ; mais à un tournant de la voie, de l'autre côté du Rhin, nous découvrons au loin un vieux burg allemand dressant son donjon en ruines sur les derniers contreforts de la Forêt Noire. « Adieu, pays maudit ! »

Winterthur ! Premier arrêt ; la foule enthousiaste s'accroche aux mâts de signaux des voies, se hisse sur les toits de wagons de marchandises, s'entasse sur les quais. Zurich, Fribourg, Berne durant la nuit tiède nous ménagent le même accueil. Les gares militairement gardées n'empêchent pas le délire, la ruée de la foule vers les wagons du glorieux convoi. Les fleurs tombent par toutes les fenêtres, les drapeaux claquent au vent des portières, les hourrah frénétiques de la foule semblent se prolonger jusque dans les cités. Nous répondons par des acclamations et des chants patriotiques.

A chaque arrêt il faut fermer les portières pour empêcher une prise d'assaut et notre

dépècement en reliques pieusement empor-
tées. Lambeaux d'uniforme, képis, galons,
boutons, nous distribuons tout. O la fierté de
se sentir soldat de France à ces minutes-là !
Les femmes pleurent, les enfants hissés à bout
de bras touchent avec un respectueux effroi
les cicatrices des irréparables blessures. Ceux
qui ne peuvent ni s'approcher, ni parler
tendent des lettres, des paquets de tabac et
de chocolat, des souvenirs de toutes sortes
au bout d'une canne ou d'une ombrelle. Et
combien émouvantes ces missives : « Nous
aimons votre pays, nous ne pouvons combattre à vos côtés, mais de cœur nous sommes
avec vous, souffrant de vos souffrances, par-
tageant vos joies et vos émotions. Non, la
France ne peut pas mourir. Elle est nécessaire au monde. Dieu aime et protège la
France ! »

A travers les campagnes, à l'ombre des
grands monts, le train serpente en haletant
sous le ciel argenté par la lune. Inconsciente
de l'heure et de la fatigue, la foule accourt
toujours plus nombreuse à ce pèlerinage
qu'elle accomplit depuis trois semaines. Les
mouchoirs s'agitent, des feux de bengale, des
fusées étincelantes, des transparents lumi-
neux s'allument. Des dormeurs en chemise,

surpris dans leur sommeil par le passage du train qui longe leurs maisons, se précipitent affolés et enthousiastes à leurs fenêtres.

Lausanne! Le wagon n'est qu'un massif de fleurs. Elles courent en guirlandes le long de la rampe de cuivre qui protège les glaces, dégringolent des filets en cascades odorantes, se suspendent à des cordes tendues à travers les compartiments, jonchent le plancher, débordent des couloirs jusqu'aux marchepieds. Là-bas, en face, au bord du lac plombé encore par les ténèbres, des lumières scintillent : Évian! la Terre de France! « Une heure encore et vous passerez votre frontière, » nous disent les infirmiers suisses qui, depuis hier soir, considèrent un peu émus aussi les larmes que nous ne cessons de verser.

Derrière Caux et Glion, par delà les montagnes familières tant de fois parcourues dont mon œil reconnaît les cimes, les premières lueurs de l'aurore rougissent les roches de Naye.

Un dernier arrêt à Genève, l'aube grandit; tous à la fenêtre nous guettons l'instant. De la vallée du Rhône sortent d'épaisses volutes de brume. Sombres et grelottantes sous leurs mantes noires comme si elles pleuraient à

notre vue, les premières Françaises, massées
dans un champ, regardent le train passer.
Ce sont des femmes de chez nous; leurs ma-
ris, leurs enfants sont au front, peut-être
ont-ils déjà baigné de leur sang la terre des
aïeux? Le contraste est émouvant. Ici la
guerre grave son empreinte de tristesse sur
la face des êtres et des choses, c'est l'envers
de la gloire dont le pays que nous venons de
traverser durant la nuit, au milieu de la joie
et des hourrah, ne supporte pas les deuils.

Soudain, dans la coulée de basalte où
gronde le fleuve impétueux, dominant le
brouillard, le soleil jaillit et sa clarté projette
sur la nature entière un relief de vie. Cette
terre aux blonds épis dorés que nous buvons
des yeux, que nous aspirons de nos narines
frémissantes, sur laquelle nous voudrions
nous agenouiller pour la baiser respectueusement, c'est *notre* France!

A Ambérieu un biplan, justement un Voisin, jette une gerbe de fleurs sur le convoi
arrêté et l'oiseau chéri si amèrement pleuré
semble me saluer à cette première heure du
retour; ô mon pauvre pilote L..., où es-tu?

Lyon! Le train pavoisé, fleuri en queue,
triste et noir en tête, car les grands blessés
couchés n'ont pu le décorer, a ralenti sa

marche. Doucement, doucement, plus lentement qu'un homme au pas, il entre en gare, avec une impressionnante majesté. Les officiers saluent de l'épée, l'infanterie présente les armes, la musique joue les honneurs, puis la *Marseillaise*. Un groupe de généraux, d'officiers supérieurs en grande tenue, de personnages officiels, de dames de la Croix-Rouge étincelantes de blancheur attendent le convoi.

Le lugubre déchargement commence et ceux qui désormais ne marcheront jamais plus défilent, emportés sur un brancard, devant leurs chefs respectueusement découverts en face de ces mutilés qui furent leurs premiers soldats. Les autres suivent, interminables colonnes, sans bras, sans jambes, sans regard. Quelle héroïque simplicité dans ce salut de la Patrie à ses fils blessés pour Elle, que de souffrances fait oublier cette glorieuse minute! Quiconque ne l'a pas vécue ne comprendra jamais l'émotion de pareils moments!

Le soir, nous nous sommes quittés, semés dans toutes les directions comme des collégiens en vacances. Jamais peut-être nous ne reverrons ces camarades d'un jour qu'avaient rassemblés de tous les coins de France et de

tous les camps d'Allemagne les hasards de la
guerre. Qui pourrait les oublier? Leurs noms,
leurs visages sont mêlés à d'immortels souvenirs.

Vers Paris, où se fera la libération défini-
tive, le train m'emporte ce soir. L'immense
gare si animée est vide et silencieuse. Drapeaux et étendards pendent rigides sur leurs
hampes. La poussière des faubourgs flotte
dans l'air embrasé. Personne n'est plus là,
l'ivresse triomphante du retour est terminée,
nous sommes devenus un convoi anonyme
d'infirmes évacués vers la capitale; nous ne
sommes plus les « grands blessés » revenant
d'Allemagne. De sa seule main valide, —
l'autre est amputée, — mon camarade de
compartiment étanche les larmes qui coulent
de ses yeux : lui ne reverra même pas son
foyer occupé par l'ennemi; les êtres aimés
dont depuis dix mois il est sans nouvelles
ne sauront pas son retour. Quelle consolation donner à de telles douleurs?

Par la fenêtre entr'ouverte défilent devant
mes yeux éblouis les riches campagnes cou-
vertes de moissons. Elle est là, la Patrie; sa
voix m'appelle et me reprend tout entier.
Est-ce pour les drapeaux, les uniformes, les
musiques ou les discours de ce matin que

nous avons tant souffert? Simple symbole
que ces choses : la force qui nous a fait tout
quitter, braver la mort, l'exil, la faim, elle
est dans cette terre qui passe devant moi.
Elle est à l'ombre de ce vieux chêne où l'enfant essaya ses premiers pas, sur ce banc de
mousse où le jeune homme s'assit près
d' « Elle » lors de ses vingt ans, elle subsiste
éternelle au pied des croix où dorment les
aïeux, et de mes narines dilatées j'aspire
avec délices la senteur de la glèbe familière
à jamais retrouvée.

Paris, 21 juillet.

A Paris, au petit jour, le convoi s'est
arrêté. De portière en portière des femmes
hâves et endeuillées se précipitent : « Y en a-t-
il parmi vous du 66ᵉ, du 107ᵉ, du 333ᵉ? N'ont-
ils jamais entendu parler de mon mari? de
mon fils? de mon frère? disparu à Dinant le
15 août, à Charleroi le 20 août, à Morhange
le 22 août; voici sa photographie, vous
ne le reconnaissez pas? » Et les yeux
implorent, suppliants et rougis de larmes.
L'image passe de mains en mains; chacun
se penche, évoque ses souvenirs; non, per-

sonne ne se rappelle. Elles s'en vont et durant toute une semaine elles guetteront ainsi les trains de rapatriés d'Allemagne, comme elles font depuis près d'un mois, conservant au cœur une invincible espérance. Que ces visions-là gâtent la joie du retour!

Dirai-je la stupeur de la première table servie, avec sa vaisselle et son argenterie étincelante sur une blanche nappe? Dirai-je l'étonnement de boire dans un verre, d'user d'une fourchette, d'une assiette au lieu du journal graisseux sur lequel depuis des mois on dépeçait un poisson cru? Et la douceur de la chemise enfilée sans crainte ni hésitation, sans chasse préparatoire? Il semble qu'il en ait toujours été ainsi et que la vie confortable reprend aussi facilement ses droits qu'elle les avait perdus. Tout cela pèse bien peu de chose dans la vraie joie du retour!

Pornichet, 1er août 1914.

Inflexible, l'aiguille du temps suivant son cours m'a ramené au point même que je quittai plein d'assurance, voici un an, jour pour jour. Pauvres humains! nous ne sommes que les jouets de la destinée.

Grèves d'or, blanches villas, sombres forêts de pins, l'année sanglante ne vous a point vieillies et la mer miroite sous le soleil d'été comme au jour de mon départ. Est-ce donc un cauchemar? Allongé sur le sable brûlant de la plage, les pieds léchés par le flot, un à un les mois de ma triste odyssée repassent devant mes yeux. Ceux du début d'abord, ivresse et joie d'agir quand nous allions dans l'orgueil de la jeunesse et l'espoir du succès à la poursuite de l'ennemi; puis les interminables jours de captivité plus misérables et plus sombres à mesure que le total s'en augmente : Octobre, où l'on arrive épuisé, mangeant et dormant dans un chenil; novembre, marchés russes, collections baroques, espoir de passer Noël à la maison; décembre, brièveté des jours, longueur interminable des nuits. Janvier, dernière visite aux camarades des compagnies qu'on sépare, première offensive du général *Von der Brout,* espoir du retour en mars. Février, l'horrible mois de la faim et du froid, plus d'espérance avant l'été. Mars : deuxième et redoutable attaque de *Von der Brout,* mais les colis arrivent, l'offensive va commencer. Avril : nous attendons de jour en jour. Mai : notre inquiétude devient plus angoissante, trente et un jours, cinq dimanches. Juin : tout croule, le cafard est déchaîné, un an, deux peut-être à passer ici. Juillet : fantastique coup de théâtre, je le commence en Allemagne et le termine en France.

Un Allemand prit, relativement à mon départ, une décision que confirmèrent les majors de Constance. Sans lui, j'aurais traîné jusqu'au prochain échange ou attendu la mort qui, au second hiver, miné par le chagrin, affaibli par les privations, m'aurait doucement enlevé. Cet homme a droit à toute ma reconnaissance et je croirais amoindrir la valeur des jugements que je porte sur son pays et sa race qui, dans cette guerre, a déshonoré jusqu'au courage, si je ne la lui témoignais ici.

Qu'il fut long cet exil qui paraît si court à distance ! Divisez le temps en mois, en semaines, en jours, en heures, en minutes, en secondes et songez que nous avons subi goutte à goutte le passage de chacune de ces parcelles de vie dont rien ne rompait jamais l'uniformité grise. A tous ceux dont l'existence jamais assez rapide n'est qu'une course aux plaisirs étourdissants, tant ils semblent craindre de se trouver un instant face à face avec eux-mêmes ! Quel retour sur l'inanité de leur passé auraient-ils le loisir de faire ! Quelle étude sur le prix de ce temps qu'ils essaiment, semblables à « l'harondelle qui vole! » Ces affamés de jouissance y apprendraient le bonheur, selon le mot de ce pauvre porion, mon voisin de lit. Et ceux qui regardent l'argent comme la source de toutes joies se verraient dans l'obligation de mettre, au-dessus de leurs trésors, un morceau de sucre, une tranche de pain grossier, un poisson cru. La gloire elle-même, que de souffrances sans nom cache son éclatant manteau!

Aurais-je su toutes ces choses si j'avais continué, semeur anonyme de mort, à survoler les champs de bataille sans me heurter aux souffrances, aux mutilations des blessés, au désespoir des prisonniers, sans avoir pour ainsi dire touché du doigt l'envers du « Rêve » qui n'est malgré tout qu'une trame de toile grossière! Et la vie qu'on nous apprit à respecter, quelles notions nous en reste-t-il? Sur cette plage où je termine mes notes, je vois le soir venu les vieillards protéger du froid leurs épaules frileuses, essayant de retarder de quelques jours leur entrée dans la tombe; les mères s'empressent autour de leur frêle progéniture qu'une guerre fauchera dès leur jeunesse peut-être. A quoi bon ce perpétuel souci de l'existence, cette crainte de la souffrance et de la mort, nos compagnes de toutes les minutes. L'accoutumance nous les a rendues familières. Nos yeux déshabitués de contempler du bonheur se sont faits à l'odieux sourire de ces deux sœurs jumelles. Elles n'éveillent plus en nous l'appréhension ou la terreur que l'éducation sensible d'aujourd'hui y avait jusqu'ici entretenue. Qu'importe un homme de plus ou de moins, fût-ce l'adolescent plein de promesses, quand d'innombrables vies sont chaque jour sacrifiées à la Patrie?

A défaut de l'action qui rend si fort, et de la griserie du combat, nous puisons dans ces grandes leçons de l'exil et de la captivité notre patience et notre courage pour « tenir » là-bas, soldats de France toujours revêtus de l'uniforme, en face de l'ennemi triomphant qui cherche à ébranler notre confiance!

Et cependant, elles sont bien dures à des prisonniers de vingt ans, l'âge de l'effort, la fermeté stoïque, la résignation muette devant une expiation en apparence inutile, acceptée comme un rachat selon le développement sublime du *Sens de la mort!* Chaque jour, plus que le manque de pain, une pensée unique les torture : aujourd'hui, demain sans doute, du fond des tranchées qui déchirent

le sol sacré de la Patrie, nos glorieux frères
d'armes vont bondir dans la dernière charge
de la victoire, et nous ne serons pas à leurs
côtés pour mêler nos voix à leurs cris mille
fois répétés de : *En avant !*

FIN

TABLE DES MATIÈRES

PARIS

TYPOGRAPHIE PLON-NOURRIT ET Cie

Rue Garancière, 8.

Ouvrages sur la Guerre

1914-1915-1916

1° Récits de Combattants

MARCEL DUPONT

En Campagne. Impressions d'un officier de légère. 42ᵉ édition. Un
volume in-16.................................... 3 fr. 50

CHRISTIAN MALLET

Étapes et Combats. Souvenirs d'un cavalier devenu fantassin
(1914-1915). 11ᵉ édition. Un volume in-16.......... 3 fr. 50

HENRY D'ESTRE

D'Oran à Arras. Impressions de guerre d'un officier d'Afrique
(1914-1915). 7ᵉ édition. Un volume in-16.......... 3 fr. 50

LÉONCE DE GRANDMAISON

Impressions de guerre de prêtres soldats. 7ᵉ édition. Un volume
in-16.. 3 fr. 50

CH. HENNEBOIS

Aux mains de l'Allemagne. — Journal d'un grand blessé. Préface
d'Ernest DAUDET. 6ᵉ édition. Un volume in-16........ 3 fr. 50

Baron C. BUFFIN

La Belgique héroïque et vaillante. — *Récits de combattants.*
6ᵉ édition. Un volume in-16........................ 3 fr. 50

† PAUL LINTIER

Avec une batterie de 75. *Ma Pièce.* Souvenirs d'un canonnier.
5ᵉ édition. Un volume in-16........................ 3 fr. 50

RENÉ MILAN

Les Vagabonds de la gloire. Campagne d'un croiseur. 5ᵉ édition.
Un volume in-16.................................... 3 fr. 50

2° Ouvrages relatifs à la guerre

HENRY BORDEAUX

Trois Tombes. 10ᵉ édition. Un volume in-16.......... 3 fr. 50

CHARLES LE GOFFIC

Dixmude. Un chapitre de l'histoire des fusiliers marins. (Prix Lasserre 1915.) 77ᵉ édition. Un volume in-16......... 3 fr. 50

EYDOUX-DÉMIANS

Notes d'une infirmière (1914). 9ᵉ édition. Un volume in-16. Prix.. 3 fr.

HERVÉ DE GRUBEN

Les Allemands à Louvain. Souvenirs d'un témoin. 6ᵉ édition. Une brochure in-16.................................. 2 fr.

GUSTAVE BABIN

La Bataille de la Marne. 8ᵉ édition. Un volume in-16 avec 9 cartes. Prix.. 2 fr.

JOSEPH BOUBÉE

La Belgique loyale, héroïque et malheureuse. Un vol. in-16. 3 fr.

GRAVES

Souvenirs d'un agent secret de l'Allemagne. Un volume in 16. Prix.. 3 fr. 50

RENÉ MOULIN

La Guerre et les Neutres. 2ᵉ édition. Un volume in-16. 3 fr. 50

PAUL FLAT

Vers la Victoire. 2ᵉ série. Un volume in-8°.......... 1 fr. 50

ÉNÉE BOULOC

Visions de guerre et de victoire. 3ᵉ édition. Un volume in-16. Prix.. 3 fr. 50

CHARLES CHENU

De l'Arrière à l'Avant. 3ᵉ édition. Un volume in-16... 3 fr. 50

REYNÈS-MONLAUR

Les Paroles secrètes. Roman. 13ᵉ édition. Un volume in-16. Prix.. 3 fr. 50

★ ★ ★

Les Dessous de la politique en Orient. Traduction et préface de M. H. Bonnet. Un volume in-16.................... 3 fr. 50

HENRY BORDEAUX

La Maison.	*Les Yeux qui s'ouvrent* (A).
Roman. 92ᵉ édit. . 3 fr. 50	Roman. 124ᵉ édit . 3 fr.
La Neige sur les pas.	*Carnet d'un stagiaire.*
Roman. 86ᵉ édit. . 3 fr. 50	Nouvelles. 19ᵉ édit. 3 fr.
La Robe de laine.	*L'Écran brisé.*
Roman. 96ᵉ édit. . 3 fr. 50	Nouvelles. 18ᵉ édit. 3 fr.
La Croisée des chemins.	*L'Écran brisé.* Pièce. 1 fr.
Roman. 58ᵉ édit. . 3 fr. 50	*Portraits de femmes et*
Les Roquevillard.	*d'enfants.* 9ᵉ édit. 3 fr. 5
Roman. 33ᵉ édit. . 3 fr. 50	*Paysages romanesques.*
La Petite Mademoiselle.	7ᵉ édit. . . . . . 3 fr. 5
Roman. Édit. définit. 3 fr. 50	*La Vie au théâtre.*
L'Amour en fuite.	1907-1909 . . . . 3 fr. 5
Roman. Édit. définit. 3 fr. 50	1910-1911 . . . . 3 fr. 5
	1911-1912 . . . . 3 fr. 5

PAUL ET VICTOR MARGUERITTE

UNE ÉPOQUE :

Les Braves Gens. 79ᵉ édit.	*La Commune.* 66ᵉ édit.

ROMANS :

Poum. 38ᵉ édit.	*Femmes nouvelles.* 26ᵉ édit.
Zette. 33ᵉ édit.	*Les Deux Vies.* 55ᵉ édit.

Chaque **volume**. . . . . . . 3 fr. 50

PAUL MARGUERITTE

L'Autre Lumière.

L'Essor. 22ᵉ édit.	*Ma Grande.* 38ᵉ édit.
La Force des choses. 25ᵉ édit.	*Les Fabrecé.* 17ᵉ édit.
La Maison brûle. 16ᵉ édit.	*La Faiblesse humaine.* 16ᵉ édit.
Les Sources vives. 14ᵉ édit.	*Nous, les mères…* 21ᵉ édit.

Romans. Chaque volume . . . . . . 3 fr. 50

J.-H. ROSNY

La Force mystérieuse. 8ᵉ édit.

L'Impérieuse Bonté. 7ᵉ édit.	*Les Rafales.* 10ᵉ édit.
L'Indomptée. 7ᵉ édit.	*Vamireh.* 8ᵉ édit.
La Vague rouge. 12ᵉ édit.	*Sous le Fardeau.* 8ᵉ édit.
La Mort de la terre. 6ᵉ édit.	*Marthe Baraquin.* 8ᵉ édit.

Romans. Chaque volume. . . . . . . 3 fr. 50

www.ingramcontent.com/pod-product-compliance
Lightning Source LLC
LaVergne TN
LVHW050309060726
842525LV00002B/477